Pierre Stoïa

LE DÉVELOPPEMENT PERSONNEL

Qui ne désire pas la mort de son père ?

Village Mondial

ISBN : 2 - 84211 - 054 - 4

Aliocha : « Et maintenant, allons manger les crêpes du repas funèbre : c'est un vieil usage. Lui aussi a du bon. Allons, la main dans la main ! »

Kolia : « Toute la vie, la main dans la main ! Hurrah, Karamazov ! »

DOSTOÏEVSKI, *Les Frères Karamazov*

Sommaire

JOURNAL DE L'ÉCRIVAIN III

Un petit héros

Le Moujik Mareï

Petits tableaux

Avant-propos

Le développement personnel : mises au point

Il n'est pas vrai que l'on puisse changer

Parmi les facteurs qui concourent à faire du développement personnel une notion difficile à définir, le principal est certainement celui-ci : le développement personnel ne peut pas être réduit à une énumération de « recettes » dont la seule lecture permettrait de modifier nos comportements. C'est là un leurre qui doit être dénoncé avec fermeté. Non, il n'est pas vrai que nous puissions changer, et sûrement pas sur la seule application de conseils ou de recommandations aussi intelligents soient-ils. Parce que la compréhension intellectuelle n'a rien à voir avec la compréhension physique, ce n'est pas parce que je sais les choses que je peux les faire miennes. Ainsi, lorsque j'ai un chagrin d'amour, ce n'est pas parce que je sais que la « vie ne s'arrête pas là... », « qu'il me sera donné de rencontrer d'autres personnes certainement tout aussi intéressantes... » que j'oublie tout de ma peine. Les paroles de mon entourage ne m'apaisent qu'en surface et un temps extrêmement court. Or, et nous devons nous en persuader, il en va exactement de même pour le développement personnel. La lecture d'un ouvrage où l'on me conseille telle ou telle attitude pour réussir telle ou telle chose peut m'aider... au moment même de la lecture... jamais au-delà !

Si on ne peut pas changer, on peut faire mieux avec ce qu'on est

C'est vraisemblablement une tâche irréalisable que de réussir à modifier ce que nous sommes. Nous ne changeons pas. En revanche, nous pouvons espérer faire différemment, c'est-à-dire mieux avec nos moyens et qualités physiques, intellectuels, psychologiques... notre histoire et le hasard des rencontres. Oui très certainement, nous sommes ce que nous sommes et nous le resterons. Pour autant les choses ne sont pas figées. Ainsi, pouvons-nous ambitionner par une meilleure connaissance de nous-mêmes de mieux comprendre comment nous fonctionnons et, à partir de là, comment nous pouvons progresser pour arriver à devenir ce que nous pouvons être, c'est-à-dire… ce que nous n'avons jamais cessé d'être véritablement. C'est là beaucoup du parti de cet ouvrage que de faire comprendre que seule une meilleure connaissance de la façon dont nous fonctionnons peut ambitionner de nous faire progresser.

Faire mieux avec ce qu'on est oblige à un vrai combat

La plupart des ouvrages ou des théories sur le développement personnel, parce qu'ils prennent appui sur la manipulation, sont souvent très séduisants. L'enjeu de cette séduction est la *promesse d'une puissance*. La supercherie des auteurs (c'est pourquoi nous parlons de manipulation) vient, d'une part, du fait qu'ils nous font croire qu'au seul suivi de leurs conseils, nous pouvons devenir semblables à eux ou aux modèles sur lesquels ils prennent appui et, d'autre part, que ce travail à faire sur soi est non seulement « extrêmement facile » mais que chacun d'entre nous peut le faire et en retirer à son tour de grands bénéfices. Or, et nous le découvrirons au fil de cet ouvrage, il nous semble tout à fait incroyable que ces auteurs et théoriciens aient pu réussir le tour de force de parler du développement personnel sans jamais parler du désir, de l'amour, de la création, des pulsions, de la culpabilité, des résistances au changement… de la mort, de la question du suicide… et, en toute fin, de l'incroyable travail absolument indispensable pour ambitionner et réussir à faire mieux avec ce que nous sommes.

Ce combat n'exige heureusement pas de se faire psychanalyste

S'il n'est pas nécessaire d'être psychanalyste pour réussir à faire mieux avec ce que nous sommes, nous devons néanmoins prendre appui sur des concepts mis à jour par la psychanalyse. Le procédé psychanalytique se distingue en effet de tous les procédés de suggestion, de persuasion et autres, en ce qu'il ne veut réprimer chez la personne aucun phénomène psychique par voie d'autorité. Ce procédé cherche en revanche à pénétrer jusqu'à l'origine du phénomène et à comprendre comment se sont structurées au fil des années les différentes résistances qui aujourd'hui nous interdisent d'exprimer au mieux nos différentes potentialités. De même qu'il n'est pas nécessaire de se faire psychanalyste, il n'est pas nécessaire de tout savoir de la psychanalyse pour mieux connaître la façon dont nous fonctionnons. Ainsi, nous sommes-nous attachés à ne pas « déterrer » les concepts psychanalytiques qui s'appliqueraient à notre passé le plus primitif et où se sont jouées des choses comme le stade du miroir – ce moment un peu particulier de notre existence où nous commençons à faire la distinction entre ce que nous sommes et le monde extérieur... Aussi, plutôt que de cotiser à ce qui pourrait s'apparenter à une nouvelle forme de manipulation, nous a-t-il semblé beaucoup plus prometteur mais aussi plus respectueux de travailler sur des choses dont nous avons tous le souvenir. Ainsi de notre relation à nos parents et de notre souvenir qu'aussi « formidables » qu'ils aient pu être, ils ont avant tout été de « formidables » empêcheurs de tourner en rond, ou encore de la culpabilité repérable par chacun d'entre nous...

Ce combat exige en revanche de procéder par ordre

Si nous ne voulons pas sombrer dans l'opportunisme, l'erreur, et même le charlatanisme, parler du développement personnel oblige à « commencer par le commencement ». Or, le commencement, c'est avant tout la compréhension de la façon dont chacun d'entre nous fonctionne et notre capacité à identifier ce que nous appellerons notre *désir véritable*, c'est-à-dire notre capacité à comprendre ce que nous voulons faire de notre vie. C'est donc par la compréhension de la manière dont nous fonctionnons que nous allons commencer à défricher le « terrain vague » du développement personnel. Puis, par la mise à jour de notre compréhension de ce que nous voulons faire de notre vie, nous commencerons à labourer ce champ en devenir. Pour cela nous nous garderons des illusions qui voudraient que nous puissions y faire pousser tout et n'importe quoi. Notre ambition se bornera à suivre le tuteur du principe de réalité. Aussi, n'y mettrons-nous que des plans qui, parce qu'ils seront simples et solides, favoriseront les fruits de la compréhension intellectuelle et physique de ce qu'est véritablement le développement personnel et de ce que chacun d'entre nous peut en attendre.

Remerciements

J'ai très certainement une dette particulière envers mes parents... qui sait peut-être parce qu'il m'a fallu les « tuer »... Je leur adresse ici mes remerciements les plus hauts, non de s'être laissés faire – les parents, cela ne se laisse jamais faire – mais de m'avoir laissé faire. Je dois beaucoup aussi à Martine, premier maillon d'une chaîne qui m'a donné la chance – c'est aussi cela le hasard des rencontres – de connaître Village Mondial dont l'enthousiasme pour ce projet m'a profondément touché. Je dois également beaucoup à Claude Py dont la parole me manque souvent. Enfin, je suis extrêmement redevable à ce grand-père qui aimait trop l'écriture pour que son désir de raconter les choses ne lui survive pas... C'est à lui que je n'ai pas connu que je dédie ce livre.

PIERRE STOÏA

Santorin – Janvier 1999

Roman en neuf lettres

Comment nous allons procéder !

Pour Freud : « Nous avons le devoir de nous servir de la valeur monétaire régnante dans le pays que nous explorons ». Nous allons donc emprunter aux écrits et puiser dans la littérature, les dialogues du cinéma, les répliques de théâtre et même les tragédies des exemples dont l'objet va être d'accompagner nos propos.

Les auteurs et les œuvres sur lesquels nous prendrons appui

Dans la littérature, l'identification de son désir véritable – c'est-à-dire comme nous l'avons mentionné la compréhension de ce que nous voulons faire de notre vie – est souvent associée au meurtre du père. Prenons le *Spiridion* de George Sand où l'auteur traite de la mort d'un vieux moine et de son disciple… Mieux encore, prenons les *Brigands* de Schiller… et nous voyons comme le parricide et la rivalité entre frères sont mis en exergue.

Comme souvent, pour comprendre ce qui se joue dans telle ou telle situation, il faut aller voir chez Freud. Pour l'auteur, ce n'est sûrement pas un hasard si les trois plus grands chefs-d'œuvre de la littérature de tous les temps, *Œdipe Roi* de Sophocle, *Hamlet* de Shakespeare et *Les Frères Karamazov* de Dostoïevski traitent tous, à la fois, du désir véritable et donc de la compréhension de ce que j'ai envie de faire de ma vie et, à la fois, du meurtre du père. Voilà pourquoi, sans répondre dès à présent à la question qui nécessairement va se poser : « L'identification de son désir a-t-elle à voir avec le meurtre du père ? », ce sont principalement vers ces écrits que nous nous tournerons.

Pour assurer une certaine cohérence à nos propos, nous prendrons comme principal appui Dostoïevski. En effet, comparé à Sophocle et Shakespeare, c'est bien sur Dostoïevski que nous en savons le plus. Qu'il s'agisse de sa vie et de son œuvre (d'ailleurs la plus conséquente) mais aussi parce qu'il présente cette particularité de s'être heurté au désir de voir mourir son père (cf. *Un honnête voleur, Œdipe est Roi*), c'est Dostoïevski, sa vie et son œuvre (les titres de ses différents ouvrages seront autant de petits cailloux qui baliseront nos différents chapitres) qui nous serviront de fil rouge. Et quel fil rouge !

Un fil rouge : Dostoïevski et *Les Frères Karamazov*

Si l'écrivain, d'après ce que nous entendons dire, doit éviter tout contact avec le psychiatre et laisser aux médecins la description d'états psychiques pathologiques, à la vérité, pour Freud, jamais personne digne de ce nom n'a observé cet impératif. La description de la vie psychique de l'homme est bien son domaine le plus spécifique. Voilà pourquoi, de tout temps, l'écrivain a bien été le précurseur de la science et, par-là aussi, celui de la « psychologie scientifique ».

La création est chez lui ce qu'il y a de plus incontestable

Alors pourquoi Dostoïevski ? Pour plusieurs raisons bien sûr. La première, parce la création est chez lui ce qu'il y a de plus incontestable. *Les Frères Karamazov* est très certainement le roman le plus imposant qui n'ait jamais été écrit. Il n'est que de lire ou mieux de relire l'épisode du *Grand Inquisiteur* pour nous en persuader. Le constat est éclatant : c'est là très certainement l'une des plus hautes performances de la littérature mondiale.

Dostoïevski sait que pour produire, il faut aller à l'essentiel

La deuxième raison, parce qu'il a fait de la haine de la fascination et de l'élégance une doctrine de la renaissance du peuple russe. Dostoïevski, en effet, a compris qu'il faut produire et que pour produire il faut aller à l'essentiel. Tchekhov a donc raison quand il dit que « les idées importent plus à Dostoïevski que le goût littéraire ou l'intrigue. » Et de fait, Dostoïevski présente ce cas privilégié d'un penseur profond qui est un romancier de génie. Il n'écrit que s'il a une idée à exprimer. Et en l'exprimant, il l'incarne. Cela est possible parce que les idées qu'il conçoit ne sont jamais des absolus. En chacune d'elles, il en voit le fort et le faible. Aussi n'est-il jamais tombé dans le travers du roman à thèse. Voilà pourquoi le pour et le contre sont développés par les divers personnages selon le caractère et dans la langue de chacun. Oui, incontestablement, dans la plupart de ses œuvres, l'intrigue romanesque, l'étude psychologique et le contenu philosophique composent un tissu indissociable.

Son œuvre nous oblige à penser et à nous questionner

La troisième raison, parce que, comme le souligne Heinrich Mann, Dostoïevski fait partie de ces penseurs qu'on ne possède jamais et qui de la manière la plus pressante présente la discussion des problèmes plutôt que leur solution. Aussi Dostoïevski nous exhorte-t-il à penser, c'est-à-dire à nous questionner. Pour Nietzsche, dont nous connaissons les réticences à vanter les mérites d'auteurs autres que lui-même : « Dostoïevski est le seul qui nous apprenne quelque chose en psychologie. » Dans ce même mouvement, pour De Vogüé : « *L'Idiot* fait penser autant qu'un traité de philosophie et travailler l'esprit autant qu'un texte hiéroglyphique. » Pour Fridlender enfin : « Au fil de la lecture des œuvres de Dostoïevski, les personnages prennent dans l'imaginaire du lecteur des contours fantastiques qui évoquent les visages non moins singuliers qui nous dévisagent depuis les toiles de Bosch et de Bruegel l'Ancien, les gravures et dessins de Daumier et Gavarni, les *Caprices* de Goya, les romans et nouvelles de Kafka auxquels nous pourrons ajouter cette "lumière à la Rembrandt" typique de ses œuvres. »

Qui sait d'ailleurs si nous ne sommes pas encore en dessous de la vérité. Parce que Dostoïevski a su saisir ses personnages en pleine crise ; tels quels, avec leurs hésitations ou leurs excès, leurs contradictions, leurs rêves, leurs états seconds, leurs actes inexpliqués, leur inconscient qui mieux qu'une conduite logique trahit leur vraie nature, il pénètre leur tréfonds et élabore ce que Freud appellera la « psychologie des profondeurs ». Oui, ce que nous découvrons au fond du « souterrain », c'est moins l'étrangeté de quelques excentriques que la permanence des démons qui hantent l'âme humaine. Pour Pierre Pascal, sans doute l'un des plus grands spécialistes de Dostoïevski : « Dans le meilleur de l'auteur, psychologie et psychopathologie apparaissent toujours en filigrane. » *Le Double* étudie ainsi la montée de la schizophrénie chez un être faible qui se laisse envahir par l'être fort qu'il voudrait être. *La Logeuse* présente une fille qui a laissé comprendre au brigand, son amant, qu'elle souhaitait la mort de sa mère. Dans *L'Arbre de Noël et les noces*, c'est un quadragénaire important qui cherche à séduire une fillette. Les *Nuits blanches*, promenades sentimentales sur les quais de la Néva, montrent un amoureux (le rêveur) qui s'efface devant l'homme que préfère son aimée.

Sa vie, son désir, sa maladie aussi, nous racontent des choses

Enfin, si nous avons privilégié Dostoïevski, c'est peut-être et surtout, parce que dans sa vie même, il nous raconte des choses. Des choses de son désir, de sa compréhension de ce qu'il a voulu faire de sa vie, des choses de l'incroyable travail qu'il lui a fallu pour réussir à mettre en œuvre ce qu'il avait décidé de faire, des choses enfin des résistances avec lesquelles il a dû sans cesse batailler. En effet, la vie et la maladie de Dostoïevski – il était épileptique ; nous y revenons ci-dessous et à la fin de cet ouvrage – sont à comprendre comme le fidèle reflet de son conflit et de sa culpabilité à avoir souhaité la mort de son père. Or le parricide – on a commencé à l'entrevoir – a à voir avec le désir. C'est même très certainement le nœud qui conditionne ou entrave l'identification de son désir véritable, c'est-à-dire la compréhension de ce que nous voulons faire de notre vie.

Pour Freud, nous avons là un point de départ assuré. Nous connaissons en effet le sens des premières attaques de Dostoïevski dans ses années de jeunesse bien avant l'entrée en scène de « l'épilepsie ». Ces attaques avaient une signification de mort. Elles étaient annoncées par l'angoisse de la mort et consistaient en des états de sommeil léthargique. La maladie le toucha d'abord sous la forme d'une mélancolie soudaine et sans fondement alors qu'il n'était encore qu'un petit garçon. Comme il le dira plus tard à son ami Solovieff, il avait alors le sentiment qu'il allait mourir sur-le-champ. Et de fait, il s'ensuivait toujours un état en tout point semblable à la mort réelle… Son frère André a raconté que Fédor, déjà dans ses jeunes années, avant de s'endormir, prenait soin de disposer des petits bouts de papier près de lui. « Fédor craignait de tomber la nuit dans un sommeil semblable à la mort. Aussi demandait-il à ce qu'on ne l'enterrât qu'après un délai de cinq jours. »

Nous connaissons le sens et l'intention de telles attaques de mort. Elles signifient une identification avec un mort, c'est-à-dire avec une personne effectivement morte ou vivante mais dont on a souhaité ou dont on souhaite la mort. L'attaque a alors valeur de punition : comme on a souhaité la mort d'un autre, maintenant on est cet autre et on est mort soi-même. La théorie psychanalytique affirme ici que pour le petit garçon cet autre est le père et qu'ainsi l'attaque – appelée hystérique – est une autopunition pour le souhait de mort contre le père haï…

« Qui ne désire pas la mort de son père ? » fera dire Dostoïevski à Ivan dans *Les Frères Karamazov*…

JOURNAL DE L'ÉCRIVAIN I

Les pauvres gens

La « crise des 40 ans »

Un samedi… un samedi triste… semblable à un samedi.

Ma mère n'a pas mangé. Sombre, tendue, elle a préféré se coucher. Comme souvent maintenant, elle va mal. Absent pour le déjeuner, mon père vient de rentrer. Lui aussi n'a pas mangé. Comme souvent maintenant, il travaille… Je referme la porte coulissante de ma chambre… Ma mère s'est levée. Pieds nus, tonique, droite comme un "i", elle traverse l'appartement. Le bruit est caractéristique. Comme beaucoup de femmes, elle martèle le sol avec le talon… La porte d'entrée se referme. Ma mère est sortie. Pourquoi ? je ne le saurai que plus tard. Quelques instants… la porte d'entrée claque. Ma mère est revenue.

Debout devant mon père, séparée de lui par une table et deux chaises – c'est comme cela que je les retrouverais – ma mère parle ou plutôt questionne mon père. Phrases courtes, sèches, acides… elle veut savoir… ce qu'il a fait de sa matinée, où il était pour ne rentrer que maintenant. Un silence… et puis le choc. Ma mère ne parle plus… ma mère hurle. Tout… et n'importe quoi. Et dans ce torrent de boue où se déversent des tonnes de scories accumulées par vingt ans de vie commune, je n'entends qu'une chose : « Les enfants le sauront ».

Je suis dans le bureau de mon père. Ma sœur est là. Elle pleure, elle aussi n'a pas rêvé. Ma mère n'a plus de voix. Brisée, détruite, elle chancelle et répète l'inconcevable : « Votre père a une maîtresse », « Votre père a une maîtresse ». Et comme si ce dernier mot la sacrifiait, elle le prononce et le prononce encore, à en pleurer, à en crever : « Une maîtresse… votre père a une maîtresse ».

… Pour le reste… quelle importance… les kilomètres… la voiture… son nom : « Céleste »… son âge : « Dix-huit ». « Dix-huit ou dix-sept ? » demandera mille fois ma mère. « Le même âge que ta fille ! » Ce qu'elle fait : « Rien… enfin, non… » Il nous quitte. « Pour rien… pour elle… parce qu'il a quarante ans. »

« Crise des 40 ans » ou « crise de la quarantaine » ?

Bien sûr, nous ne sommes pas les premiers à pointer du doigt cette crise appelée souvent à tort la crise des 40 ans – en effet, parce que cette crise ne se « déclenche » pas de façon obligatoire le jour anniversaire des 40 ans, mieux vaudrait la nommer « la crise de la quarantaine ». La « crise de la quarantaine », c'est cette difficulté de l'existence à laquelle beaucoup d'entre nous se sont trouvés confronter, sont confrontés ou se trouveront confrontés. Avant il y avait eu Balzac, il y avait eu Dostoïevski… et tellement d'autres encore. Ainsi, dans *Étude de femme, La Femme de trente ans* ou encore *La Femme abandonnée*, c'est Balzac qui met en scène des femmes sentimentales, malheureuses et déçues par la vie. Dans *Le Sous-sol*, c'est Dostoïevski qui s'interroge sur le destin d'un homme de 40 ans, devenu malade, méchant, déplaisant (aujourd'hui nous dirions *aigri*) et qui se pose des questions sur sa vie.

> Combien dans la vie se réalisent vraiment ? Combien entre ces murs d'énergies perdues ! Beaucoup s'inventent ainsi un bagne. (*Souvenirs de la maison des morts*)

40 ans, 45 ans, 50 ans… il n'y a pas là précision d'horloger. C'est pourquoi, comme nous l'avons mentionné, il faut préférer le terme de « crise de la quarantaine » à celui trop réducteur de « crise des 40 ans ». Qu'importe d'ailleurs l'heure de la crise. Non, ce qui compte, c'est que tous ou presque – hors une infime minorité – nous ressentons à un moment de notre vie le besoin de faire un point.

> Ce talent malheureux, ce talent gâché allait inconsciemment à la recherche d'une raison extérieure sur laquelle rejeter tous les insuccès, tous les malheurs endurés. Il ne pouvait pas davantage regarder en face cette évidence terrible qu'en ce qui concernait son art il était fini à jamais, et depuis longtemps. (*Niétotchka Niézvanov*)

Une infime minorité de personnes se joue de cette crise

Comme pour cette bande dessinée célèbre – il s'agit des *Aventures d'Astérix* – « toute la Gaule n'est pas envahie ». Il existe toujours un carré d'irréductibles qui, à ce moment pourtant relativement précis de la vie, résiste encore et toujours aux armées du doute, des questions et des remises en cause et qui jamais ne semble se poser la plus petite question.

> C'est un cas étonnant d'impudence dans la naïveté, s'il est permis de s'exprimer ainsi ; pour invraisemblable qu'il paraisse, chacun de nous le rencontre constamment. (*L'Idiot*)
>
> Il va au dîner comme si de rien n'était, songeait Mioussiov en considérant Ivan Fiodorovitch : un front d'airain et une conscience de Karamazov ! (*Les Frères Karamazov*)

Cette foi candide et outrecuidante d'un sot qui ne doute ni de lui ni de son talent a été admirablement rendue par Gogol dans le type étonnant du lieutenant Pirogov (Pirogov est le personnage principal de *La Perspective Nevski*). Pirogov ne doute pas qu'il est un génie et même plus qu'un génie ; il en doute si peu qu'il ne se pose même pas la question. Il ne se pose d'ailleurs aucune question. Aussi, pour donner satisfaction au sentiment moral de son lecteur, Gogol s'est-il vu obligé au bout du compte de lui administrer une correction. Et, fait incroyable, Pirogov est resté insensible… ou presque. À tel point, que pour se « remettre », il a simplement éprouvé le besoin de manger un petit pâté. Des années après Dostoïevski, et plus encore pour Gogol, c'est ce que dira Brel dans *La chanson de Jacky* : « Être une heure, une heure seulement – Être une heure, une heure quelquefois – Être une heure, rien qu'une heure durant – Beau, beau, beau et con à la fois… »

Une immense majorité de personnes cotise à cette crise

Hors ces quelques Gaulois, l'immense majorité est composée des légions romaines. Et s'ils sont peut-être « fous », les Romains, au moins ici, c'est nous. Voilà pourquoi il n'est pas faux de dire que nous cotisons tous, naturellement bien malgré nous, à la « crise de la quarantaine ».

Alors pourquoi la « crise de la quarantaine » ? Parce que, dans l'imaginaire des hommes, la quarantaine, c'est le « cap Horn de la vie ». Une fois franchi ce cap, comme on passe un col dans les Alpes, on attaque la descente, « le temps du reste de la vie ». L'heure est grave, aussi ne trichons-nous pas. Le bilan est sans appel. Il n'existe d'ailleurs que trois cas de figure : ou l'actif est supérieur au passif, ou l'actif et le passif s'équilibrent, ou le passif est supérieur à l'actif. Le plus souvent malheureusement – c'est du moins ce que révèle une observation attentive des uns et des autres – c'est bien le passif qui est supérieur à l'actif.

L'Idiot

Tout ce que nous n'avons pas fait à la quarantaine

Tout ce que nous n'avons pas fait de ce que nous aurions aimé faire de notre vie va déterminer ce que nous allons appeler le passif. Au fil des années, ce passif va s'accumuler dans nos sacs à dos respectifs qui vont ainsi se trouver remplis à l'âge de la quarantaine. Or ce passif, c'est-à-dire toutes ces illusions perdues mais jamais complètement oubliées, tous ces espoirs enfouis mais jamais véritablement enterrés, va soudainement, au « cap Horn » de la vie, déborder et… refaire surface.

Le passif, ce sont donc tous ces rêves jamais réalisés et dont le temps n'a pas réussi à faire autre chose que des crânes vides. Quoi d'étonnant alors à ce que beaucoup d'entre nous ressemblent à ce personnage de *La Mouette* de Tchekhov, toujours habillé de noir parce qu'il est en deuil de sa vie. Quoi d'étonnant encore à ce que beaucoup d'entre nous ne puissent plus tenir que le monologue d'une espèce d'Hamlet devant le crâne de Yorrick, bouffon du roi : « Hélas, pauvre Yorrick ! Je l'ai connu Horatio, c'était un garçon follement gai et intelligent… » Quoi d'étonnant enfin, comme le raconte Shakespeare, à ce que pour beaucoup d'entre nous l'avenir apparaisse « comme un noir tourbillon d'une profondeur inconnue, au fond duquel dort un crocodile. »

> Il ne suffit pas à certaines demoiselles de se couper les cheveux, de porter des lunettes bleues et de se dire nihilistes pour se persuader aussitôt que ces lunettes leur confèrent des « convictions » personnelles. Il ne suffit pas à tel homme de découvrir dans son cœur un atome de sentiment humanitaire et de bonté pour s'assurer incontinent que personne n'éprouve un sentiment pareil et qu'il est un pionnier du progrès social. Il ne suffit pas à tel autre de s'assimiler une pensée qu'il a entendue formuler ou lue dans un livre sans commencement ni fin pour s'imaginer que cette pensée lui est propre et qu'elle a germé dans son cerveau. (*L'Idiot*)

Parce que toutes ces constructions, sans véritable fondement, finissent par s'effondrer, le passif est nécessairement quelque chose d'extrêmement douloureux. Et il l'est d'autant plus que rien ne semble avoir véritablement préparé son éruption. Avant la crise, comme l'homme du *Sous-sol* est capable de demeurer silencieux quarante années durant s'il le faut, les hommes et les femmes ont supporté, bon an, mal an, une vie dont le moins que l'on puisse dire est qu'elle est pourtant difficile… à vivre.

Ce réveil à la quarantaine qui fait si mal

Quand le passif fait éruption, quand il refait surface en quelque sorte, c'est pour beaucoup d'entre nous une immense souffrance de constater que nous n'avons rien fait de notre vie, ou plus exactement rien de ce que nous aurions aimé faire et même très certainement rien de ce que nous avions rêvé.

> Un inexprimable poids oppressait l'âme de Zina. Elle éprouvait un dégoût à vomir. Elle se sentait prête à se mépriser. Ses joues brûlaient. Les mains jointes, les dents serrées, la tête basse, elle restait debout, immobile. (*Le Rêve de l'oncle*)

Ce réveil soudain, c'est Stéphane Trophimovitch des *Démons* qui l'éprouve lorsqu'il s'écrit : « Mon ami, j'ai fait une découverte affreuse… pour moi : je ne suis qu'un simple parasite et rien de plus ! Mais r-r-rien de plus ! » Comme le raconte avec justesse une poésie de Lermontov : « Et les années passent, les meilleures années ! » Et c'est maintenant à l'heure du bilan que les hommes, parce qu'ils sortent de leur trou, se réveillent et vont s'empresser d'agir. Pour Dostoïevski, relayé quelques années plus tard par Nietzsche dans *L'Antéchrist*, c'est l'heure où les hommes se déboutonnent, c'est l'heure où ils se racontent, c'est l'heure où ils parlent : « Comme les auteurs des Évangiles, les hommes ne sont plus que des acteurs dont on ne peut lire un mot sans apercevoir des gestes, des gestes obscènes qui animent la comédie. » Tous le pressentent, il y a urgence. Après ? Il sera trop tard. Seulement voilà, parce qu'un homme qui se noie s'accroche au moindre fétu, c'est souvent tout et… n'importe quoi.

Cela va donc être Arthur, chef d'entreprise, père de famille et « époux modèle » (enfin, on sait bien ce que cela veut dire…) qui s'éprend d'une « fille de 20 ans » et projette de « tout plaquer » pour mener quelque projet impensable il y a de cela quelques semaines encore comme descendre le Colorado en kayak. C'est Arthur, encore (cette fois-ci, il s'agit d'un autre) qui après plus de vingt années passées au volant de son semi-remorque sombre sans crier gare dans la dépression. C'est Arthur toujours (il y a ainsi presque autant d'Arthur qu'il y a d'hommes d'une quarantaine d'années) qui va chercher l'oubli dans le sport ou, ce qui pose davantage de problèmes, dans l'alcool pour refaire le « monde ». Les Arthur se perdent ainsi dans l'entrelacs des regrets éternels. Leurs discours se font répétitifs et se structurent autour des « J'aurais bien voulu être », des « J'aurais bien aimé faire » et, plus encore, des « Si c'était à refaire... »

D'autres exemples pourraient naturellement trouver leur place ici. Mais plutôt que de poursuivre une litanie dont rien ne nous assure qu'elle pourra être close et, avant même de comprendre pourquoi la crise de la quarantaine affecte davantage les Arthur que les Céleste, il nous semble plus prometteur de questionner ce qu'est le désir, c'est-à-dire ce que j'ai envie de faire de ma vie, son rapport à la création et tenter, par la mise à jour des résistances, de montrer pourquoi son identification est aussi difficile.

Chacun est libre de rater sa vie

Avant de plonger dans le grand bain des méandres du désir et de mieux comprendre comment réussir à identifier ce que nous voulons faire de notre vie, nous devons préciser que c'est là un exercice difficile. Difficile, car ce que nous allons écrire n'a pas vocation à faire plaisir mais bien davantage à nous « remuer » et à nous faire prendre conscience de nos réussites – et elles existent – mais surtout de nos échecs – et ils existent – dans la conduite de notre vie et de la somme de travail sur nous-mêmes qu'il nous faudra fournir pour réussir à inverser le cours des choses et à faire mieux avec ce que nous sommes. Parler de ce que nous voulons faire de notre vie n'est donc pas anodin, parler des résistances au changement individuel, certainement moins encore, quant à parler du meurtre du père – parce que nous ne pourrons pas y « échapper » – « n'en parlons pas ! »

Nous allons donc tenter de tenir bon et ne pas (trop) reculer, quand il le faudra, à exciter les oies d'une littérature qui veut toujours que le malheur des individus soit de la seule responsabilité de « l'horreur du *Système* ». Comme nous le verrons, rejeter la faute de ce qui nous arrive sur les autres, s'oppose à nos propos. Mais, plutôt que de polémiquer et de nous appesantir sur ce qui n'est en somme qu'une résistance (nous en verrons bien d'autres) au changement individuel, nous préférons investir à développer nos idées et nos convictions. Une de nos convictions justement, c'est que ce n'est sûrement pas le système qui est responsable de quoi que ce soit, des bonnes choses comme des moins bonnes d'ailleurs. Autrement exprimé, nous considérons que chacun, à titre individuel, est responsable de sa vie et donc de ce qu'il veut bien en faire.

Voilà pourquoi il n'est pas faux de dire que chacun, bien sûr, reste libre de rater sa vie. Pour illustrer cette conviction, Dostoïevski est aussi très intéressant. Ainsi, dans *Le Sous-sol*, il lance au monde occidental, rationnel et positif, sous une forme excessive et provocante, les vérités auxquelles il était parvenu : « L'homme n'est pas une machine, il n'obéit pas aux lois de la raison ni à son intérêt bien entendu ; il peut lui plaire au contraire de se perdre. »

> (Lise et Aliocha)
> — Je voulais vous faire part d'un désir. Je veux que quelqu'un me fasse souffrir, qu'il m'épouse puis me torture, me trompe et s'en aille. Je ne veux pas être heureuse.
> — Vous êtes éprise du désordre ?
> Lise lui claqua la porte au nez. Aliocha se dirigea vers l'escalier. Dès qu'il se fût éloigné, Lise entrouvrit la porte, mis son doigt dans la fente et le serra de toutes ses forces en fermant. Au bout de quelques secondes, ayant retiré sa main, elle alla lentement s'asseoir dans le fauteuil, examina avec attention son doigt noirci et le sang qui avait jailli sous l'ongle. Ses lèvres tremblaient et elle murmura rapidement : « Vile, vile, vile, vile ! » (*Les Frères Karamazov*)

Il faut apprendre à dire « Assez ! »

Parce que cet ouvrage, s'il ambitionne d'être réaliste ambitionne au moins tout autant d'être optimiste, nous nous concentrerons sur tous ceux qui n'ambitionnent pas, au moins consciemment, de rater leur vie et qui souffrent de vivre une vie qui ne fait pas *sens*. Ceux-là, qu'ils en soient persuadés, possèdent tous une formidable capacité : la capacité non seulement de s'écrier comme Dolgorouski dans *L'Adolescent*, car cela seul serait stérile : « Ah ! si on pouvait changer le passé et tout recommencer à nouveau ! », mais comme le dit Tourguéniev en titre d'une de ses nouvelles pour apprendre à dire *Assez !*

Dire *Assez*, ce n'est pas rien. Dire *Assez*, c'est commencer à construire, c'est commencer à créer quelque chose, c'est commencer à travailler à faire quelque chose de sa vie.

> Décidément, se disait Dolgorouski, ils me prennent tous jusqu'au dernier pour un petit garçon sans volonté et sans caractère dont on peut faire tout ce qu'on veut ! (*L'Adolescent*)

> Oui, il faut choisir ! On peut avoir le cœur d'Alexandre de Macédoine ou celui d'un petit chien. (*Les Frères Karamazov*)

Alors le cri des oies ? Comme Dostoïevski, nous prendrons le bon côté des choses. Après tout, même s'il ne sauve pas toujours les Capitoles, parce qu'il annonce le temps qu'il fera, il peut être utile tout de même.

Notes d'hiver...

Le désir, comment cela fonctionne ?

Comprendre comment fonctionne le désir, c'est difficile. C'est même extrêmement difficile. Il n'est donc pas surprenant que beaucoup d'auteurs échouent à raconter de façon simple ce qu'est le désir et comment il fonctionne. Assoun en donne un bon exemple. Pour l'auteur donc : « Le désir est le premier mouvement de la dynamique inconsciente soit comme « passion primitive », « agitation de l'âme » (Descartes), soit comme « *conatus* » (Spinoza), soit comme « faculté pratique » (Kant), soit comme « mouvement de la conscience de soi » (Hegel). »

Plus simplement peut-être, considérons que le désir renvoie à beaucoup de questions. Ces questions, Dostoïevski va les résumer lorsque condamné au bagne il fera un premier point sur sa vie.

> Quel est mon désir, qu'est-ce que j'ai envie de faire de ma vie ? Où en suis-je de mes capacités, de ma *conception du monde* ? Et somme toute, qu'est-ce que j'ai à dire au monde et comment ? (*Souvenirs de la maison des morts*)

Dans *Malaise dans la civilisation*, Freud sera plus direct encore et demandera : « Quel est le but de la vie ? » Sa réponse ? Elle tient en trois mots : « Aimer et créer. » Mais, pour lumineuse que soit sa réponse, elle laisse en suspens, d'une part, ce qu'est la création et, d'autre part, en quoi celle-ci a à voir avec le désir. Quant à aimer, c'est là aussi quelque chose de bien difficile.

La création, comment cela fonctionne ?

Individuelle ou collective, la création présente un avantage certain par rapport au désir : elle est plus facile à raconter. Plus facile parce que la création, c'est quelque chose de tangible. Comme le montrera Stephan Zweig dans *La Guérison par l'esprit*, ce qui importe chez un créateur, ce n'est pas d'où il vient mais où il est arrivé. Aussi pour parler de création, faut-il, et c'est la première condition, qu'il y ait production concrète de quelque chose. Pour Stephan Zweig, si l'on prend l'exemple d'une création collective, c'est à la fois parce que les spécificités de chacun sont prises en compte et à la fois parce que tous s'engagent à produire que la création peut surgir. Privée du premier élément, celle-ci est exsangue – réduits à l'état de machine, les hommes perdent toute capacité d'imaginer et donc de créer –, privée du second, celle-ci est stérile – privée du support de la production, l'imagination perd de son sens.

Créer exige de produire

« Rien ne vaut si on ne produit pas ! » C'est là un axiome à la fois vrai par essence et fondamental. Un « vrai » que nous aurons soin, bien évidemment, de prendre dans le sens… créateur du terme selon le mot inoubliable de Goethe : « Seul ce qui est fécond est vrai. »

Si nous revenons sur l'exemple des Arthur et des Céleste et plus précisément sur ce que nous disions alors à savoir que la « crise de la quarantaine » ne les affectait pas nécessairement de la même manière, nous avons là un élément de réponse. Si les femmes sont moins touchées par la « crise de la quarantaine » c'est parce qu'en général, arrivées à cet âge, elles ont déjà « créé ». Le plus souvent en effet, arrivées à la quarantaine, elles ont déjà donné naissance à un enfant voire à plusieurs. Et, parce qu'elles ont créé, leur vie déjà fait sens. Remarquons, même s'il n'y a pas là de caractère inéluctable, que les femmes qui n'ont pas eu d'enfant à la quarantaine risquent de cumuler des problèmes qu'elles auront beaucoup de difficultés à résoudre… Alors les hommes ? Naturellement, eux aussi ont « créé ». Mais, et c'est là une différence importante, les Céleste, elles, ont porté l'enfant et donné la vie par cette très belle chose que nous appelons l'accouchement là où les Arthur ont donné la vie, en quelque sorte, par « procuration ». Rien d'étonnant alors à ce que le sentiment de complétude ne soit vécu de façon très différente selon le « camp » dans lequel nous nous situons. Rien d'étonnant encore à ce que l'impact de la « crise de la quarantaine » ne soit pas le même.

Créer exige de « prendre sa place »

Mais revenons à ce qui nous mobilise. Nous avons vu comme première condition à la création qu'il devait y avoir une production « concrète » de quelque chose. La deuxième condition, c'est que créer, c'est « prendre sa place » et non pas « prendre une place ». C'est donc toujours pousser plus loin des idées qui existaient auparavant. Ainsi, pour comprendre les choses par l'exemple, attardons-nous sur Freud au moment de sa rencontre avec Josef Breuer. Nous sommes en 1882 et Breuer fait part à Freud du traitement qu'il a engagé avec une de ses patientes, Anna O. Cette jeune femme était tombée malade après s'être occupée de son père mourant. Elle souffrait de différents symptômes après ce décès, en particulier d'une toux nerveuse très tenace, une paralysie des trois membres avec contractures, associés à un double état de conscience. Breuer lui rendait visite le soir et les symptômes disparaissaient quand la patiente révélait, sous hypnose ou à l'état de conscience, les circonstances pénibles dans lesquelles les symptômes étaient apparus pour la première fois. La patiente parlait en anglais ayant oublié sa langue maternelle, l'allemand. Elle avait surnommé le traitement qu'elle entreprenait avec Breuer la « talking cure ». Freud, qui s'était passionné pour le travail de Breuer, s'est empressé d'en faire part à Charcot. Celui-ci n'a alors manifesté aucun intérêt. Les choses auraient pu s'arrêter là. Mais, et c'est ce que souligne Landman dans son ouvrage sur Freud, après une période de mise en sommeil, Freud a cherché à approfondir à nouveau l'observation de Breuer. Il a même convaincu ce dernier de collaborer pendant plusieurs années avec lui, de 1890 à 1895 ; date à laquelle les deux hommes ont publié un texte fondateur : *Études sur l'hystérie*. Ainsi, sans le savoir, Breuer avait découvert les fondements de la cure analytique. Seulement voilà, il n'a pas pu ou pas voulu exploiter cette découverte. Pour la « petite histoire », convaincu de l'étiologie sexuelle des névroses, en particulier de l'hystérie, Freud se brouillera avec lui à partir de 1896. C'est aussi cela le prix à payer de la création.

La création a à voir avec le désir

Comme nous l'avons fait pour raconter comment le processus de la création exige qu'une idée soit sans cesse poussée plus loin, c'est une fois encore dans la vie de Freud et dans la préface de son ouvrage *Le Délire et les rêves dans la* Gradiva *de W. Jensen* que nous allons puiser une illustration pour rendre compte de l'interaction de la création et du désir. Dans sa contribution à l'histoire du mouvement psychanalytique, Freud écrit que Charcot, Breuer et Chobrak lui ont transmis « une conception qu'à proprement parlé ils ne possédaient pas », à savoir l'origine sexuelle des symptômes névrotiques. Or cette transmission était contestée par deux des trois personnes en question. Quant à la troisième, il s'agissait de Charcot qui était décédé depuis longtemps, Freud est persuadé qu'il l'aurait contestée également. Qu'avaient dit ces trois personnes à Freud pour le mettre sur la voie de l'origine sexuelle des névroses ? Breuer avait parlé de « secrets d'alcôve », Charcot, de « la chose génitale, toujours, toujours, toujours », quant à Chobrak, il avait dit : « Ce mal ne comporte qu'un seul traitement ; nous le connaissons bien, mais nous ne pouvons l'ordonner, le voici : *Penis normalis dosim repetitur.* »

Même s'il les a oubliées, ces réflexions ont marqué Freud. Elles sont restées au cœur d'une interrogation souterraine car elles étaient porteuses non seulement d'une vérité scientifique mais, surtout, d'une vérité sur son propre désir, désir dont la mise en acte passait par une étude sérieuse des hystériques. Le fait que ces réflexions aient été exprimées en catimini et par des sommités médicales leur conférait un caractère particulier, celui d'indiquer les limites dans lesquelles devait s'inscrire le travail de ces médecins. Hors de ces limites, il ne pouvait s'agir que de propos de table, de salon ou de confidences privées, c'est-à-dire d'échanges discrédités au regard non seulement de la respectabilité mais, surtout, de la méthode scientifique médicale. Ainsi, dans *La Guérison par l'esprit*, Stephan Zweig montre comment Freud semble avoir compris très tôt qu'il était enfermé dans une alternative terrible : renoncer au désir de comprendre la névrose et rester dans les limites prescrites par la médecine ou bien suivre son désir de comprendre et repousser les limites de cette médecine, ce qui nécessairement passait par la création.

À quoi pouvons-nous reconnaître notre désir ?

Si la création permet de débusquer un peu de ce qu'est le désir, nous devons convenir que celui-ci garde encore beaucoup de son mystère. Aussi, pour nous aider à en dénouer les fils, pouvons-nous prendre le problème autrement et nous demander comment on peut reconnaître le désir. Procéder ainsi, c'est en quelque sorte vouloir répondre à la question : « Qu'est ce qui fait que je saurais que c'est *cela* (et rien d'autre que *cela*) mon désir ? »

Si la réponse à une telle question n'a rien d'évident, c'est que la difficulté *à savoir* n'est rien comparée à la quasi impossibilité qui existe à *pouvoir l'expliquer*. Il y a là très certainement une part de mystère irréductible ! C'est d'ailleurs peut-être cette part de mystère qui fait que devant le désir de l'autre nous redevenons des étrangers. Non seulement nous n'en connaissons pas la langue mais surtout il ne nous « parle pas ». *Le Cercle des poètes disparus*, un roman de Kleinbaum, est un bon exemple pour illustrer ce moment de certitude intime qui fait que *l'on sait*.

Dans cette scène, nous voyons Neil, un élève, s'interroger sur les motivations à enseigner du Professeur Keating.

« Comment vous supportez ?
— Quoi donc ?
— Vous pouvez faire ce que vous voulez, aller où vous voulez, alors pourquoi vous restez ?
— J'aime enseigner, je n'ai pas envie d'être ailleurs. »

Tout est dit ! Désir, vocation d'enseigner… qu'importe. Seule certitude, les conditions d'exercice – et donc ce pour quoi Keating pourrait renoncer – ne sont que secondes. Et encore, parce qu'elles importent finalement très peu, arrivent-elles loin derrière.

Comme les goûts sont multiples, les désirs des uns, s'ils restent impénétrables à la compréhension des autres – sauf à ressentir les mêmes inclinations pour les mêmes choses – sont tout autant multiples. Et comme les goûts, ils exigent le respect. Comme Balzac l'écrira dans *La Peau de chagrin*, si certains sont doués du désir d'observer, d'autres possèdent le désir de donner une forme vivante à leurs pensées. À tel homme *le faire*, à tel autre *la conception*. Celui-ci se joue avec une lyre sans produire une seule de ces harmonies sublimes qui font pleurer ou penser, celui-là, faute d'instrument, compose des poèmes pour lui seul… La composition pour Gambara, l'exécution pour Massimila Doni.

Quant à l'intelligence, celle-ci n'a en réalité que bien peu à voir pour ne pas dire « rien à voir » avec la capacité à identifier son désir. Toujours selon Balzac, mais cette fois dans *Le Médecin de campagne*, de même qu'un boucher dans un pays annonce autant d'intelligence que de richesse, de même que les hommes et les femmes ont une couleur des yeux et un balancement de cœur qui leur sont propres, tous ont une vue d'ensemble et une compréhension des choses. Tous nourrissent des projets, des départs et, enfin, par leurs idées, la capacité à identifier leur désir véritable et donc ce qu'ils veulent faire de leur vie.

Où en sommes-nous maintenant ?

Dans un premier temps, pour raconter ce qu'est le désir, nous sommes partis de la création et nous avons essayé de comprendre en quoi celle-ci a à voir avec le désir. Dans un deuxième temps, pour approcher plus précisément ce qu'est le désir, nous avons regardé à quoi nous pouvions bien le reconnaître. Avec toujours cette même volonté de comprendre ce qu'est le désir, nous pouvons maintenant essayer de définir à la fois ce qu'il n'est pas et à la fois ce qu'il est.

... Et impressions d'été

Le désir, un essai de définition

Ce que n'est pas le désir

D'une part, le désir n'est pas une pulsion, d'autre part, le désir véritable ne doit pas être confondu avec le désir-illusion, c'est-à-dire une illusion qui ferait écran au désir véritable.

Le désir n'est pas une pulsion

Tout d'abord, le désir n'est pas une pulsion. Avant d'aller plus loin et d'expliquer pourquoi, rappelons-nous ce qu'est une pulsion. Un très bon exemple de ce qu'est une pulsion nous est donné par Bertrand Blier dans son film *Trop belle pour toi.*

M. X : « Bien moi, je te l'ai jamais dit, tu vois, j'étais correct, mais aujourd'hui il faut que je te le dise, ça fait quatorze ans que j'ai envie de te bouffer le cul. Quatorze ans ! Tous les soirs ! Calcule le nombre de soirées que ça fait à me dire en m'endormant : "Florence Barthélémy vient s'asseoir sur ma bouche"... Ça serait une soirée où tout à coup chacun se mettrait à dire tout haut ce qu'il pense. Formidable non ? »

Pour Freud : « La pulsion constitue une décharge énergétique qui rompt l'équilibre interne, crée un état de tension dans l'organisme et suscite le comportement de l'individu, lequel recherche l'objet susceptible de l'apaiser. » La pulsion, c'est donc quelque chose de facile à raconter. Pour son essentiel, c'est une fraction d'activité dont la source est organique. Si nous disons : « Nous avons faim ; aussi nous désirons manger », nous comprenons immédiatement qu'il ne s'agit pas, à proprement parler, du désir tel que nous essayons de le décrire ici, mais bien de la pulsion de faim. Si maintenant nous disons : « Notre *truc,* ce qui fait notre vie, ce pour quoi nous vivons, c'est l'enseignement ; il est donc naturel que nous désirions enseigner », nous comprenons tout aussi aisément qu'il s'agit là du désir tel que nous voulons le comprendre pour ce qui suit.

Le désir ne doit pas être confondu avec le désir-illusion

Le désir n'est donc pas une pulsion. C'est là une chose désormais entendue. Mais plus encore, et c'est peut-être là une chose plus subtile encore, le désir véritable ne doit pas être confondu avec le désir-illusion. Ainsi donc, un désir pourrait en cacher un autre… Une illustration ? Prenons Gérard Jugnot (alias Berthier) dans *Une époque formidable.* La situation est celle-ci : Berthier, licencié il y a de cela quelques jours, y croit encore fermement et se motive pour passer un premier entretien d'embauche. Dans cette scène, nous le retrouvons devant sa glace… Berthier se parle à lui-même.

Berthier : « Berthier, t'es le meilleur, t'es le meilleur Berthier. T'es le meilleur, t'es un tueur, un tueur, un killer… Un killer Berthier, un killer. Que la force soit avec toi Berthier. Un killer ! »

Le véritable désir de Berthier n'est naturellement pas d'être un « killer » le « jour J », pas plus qu'il n'est d'ailleurs de retrouver un emploi. Parce que rien ne nous assure en effet qu'il ne voudrait pas être peintre ou joueur de tennis, tout au plus, pouvons-nous dire qu'il s'agit là d'un désir-illusion. Le désir-illusion n'est alors qu'un moyen de construire les conditions d'accession à son désir véritable. Ou directement si son désir véritable c'est de continuer à « travailler dans la valise » (comme il le dira lors de l'entretien) ou indirectement si le travail n'est là aussi qu'un moyen de se payer des toiles et de la peinture s'il veut être peintre ou des cours de tennis s'il veut être un joueur de bon niveau.

Bien sûr, il s'agit là de Berthier. Et pourtant, nous devons en être assurés, il n'est pas une quelconque exception qui viendrait confirmer nous ne savons quelle règle. Aussi, et nous devons nous en convaincre, comme nous avons vu que l'intelligence a peu à voir avec la capacité à comprendre ce que nous voulons faire de notre vie, les plus grands de ce monde, aussi grands qu'ils soient, cotisent ou ont cotisé à ces désirs-illusions. Ainsi, Balzac, incontestablement un grand parmi les grands, constitue certainement un bon exemple. Or, lui aussi est tombé dans le travers du désir illusion lorsqu'il déclarait alors qu'il n'avait encore rien produit de valable :

« Ce que Napoléon a fait par les armes, je le ferai par la plume… » Vouloir être Napoléon… Le moins que l'on puisse dire est que ce n'est pas très sérieux. Ou alors, à considérer ce désir comme un désir-illusion de son désir véritable qui aurait pu être formulé ainsi, au moins dans les grandes lignes : faire de la grande littérature qui raconterait de grandes choses.

> Avant de se calmer et de prendre leur parti, ces gens font parfois des bêtises pendant très longtemps, depuis leur jeunesse jusqu'à leur maturité, et sans autre mobile que leur désir de déployer de l'originalité. (*L'Idiot*)

Appartiennent également à cette catégorie des désirs-illusions les désirs de « réussite pour la réussite », les désirs de « gloire pour la gloire », les désirs « d'argent pour l'argent », le farouche appétit de promotion quand il ne sert qu'à étancher la soif de pouvoir ou encore les désirs lorsqu'ils ne sont ancrés que sur la seule recherche d'originalité. Sur ces seuls exemples, la frontière, si elle existe, entre le désir-illusion tel que nous pouvons le raconter et l'illusion, est bien mince.

> Cependant, il espéra jusqu'au bout se procurer ces trois mille roubles, comptant qu'ils lui tomberaient dans les mains d'une façon quelconque, fût-ce du ciel. (*Les Frères Karamazov*)

C'est d'ailleurs ce que Dostoïevski nous fait comprendre avant que Freud ne l'explicite quelques soixante années plus tard : « L'illusion est un désir qui se prend pour une vérité, une espérance qui se prend pour une preuve. » Pour Jensen, lorsqu'une croyance nous rend bienheureux, elle nous fait « avaler » bien des invraisemblances. Qui plus est, l'illusion altère le jugement. Ainsi, pour Spinoza : « Ce n'est pas parce qu'une chose est bonne que nous la désirons, c'est parce que nous la désirons que nous la jugeons bonne. »

Les désirs-illusions ne sont que des illusions

Lorsque nous disons que tous les désirs-illusions ne sont en fin de compte que des illusions, il nous faut délimiter la signification du mot. Une illusion n'est pas la même chose qu'une erreur, elle n'est pas non plus nécessairement une erreur. Cet « empoisonnement de notre imagination par elle-même », comme l'exprimait encore Dostoïevski, c'est aussi et bien clairement la formule de l'illusion telle que Freud la dégagera dans *L'Avenir d'une illusion* : « Une illusion est une croyance, vraie ou fausse, qui s'impose par la force de nos désirs. » L'opinion d'Aristote selon laquelle la vermine se développerait à partir des déchets – opinion à laquelle le peuple dans son ignorance reste aujourd'hui encore attaché – était une erreur. De même était une erreur la croyance d'une génération antérieure de médecins qui voulait que le *tabes dorsalis* (affection neurologique de la moelle épinière due à la syphilis) soit la conséquence d'une débauche sexuelle. Il serait donc abusif d'appeler ces erreurs des illusions. En revanche, ce fut bien une illusion de Christophe Colomb d'avoir pensé découvrir une nouvelle voie maritime vers les Indes. La part que prend son désir à cette erreur est ici très nette

Pour Freud : « On peut qualifier d'illusion l'affirmation de certains nationalistes selon laquelle les Indo-Européens seraient la seule race humaine capable d'une culture ou bien la croyance selon laquelle l'enfant serait un être sans sexualité, croyance qui n'a finalement été détruite que par la psychanalyse. » La jeune bergère persuadée qu'un prince va venir la chercher pour l'épouser se fait tout autant des illusions, remarque Freud, quand bien même pour finir la chose se réaliserait en effet. De même, le joueur convaincu parce qu'il le désire ardemment qu'il va gagner – « Cela devait être, cela serait », dit le narrateur Alexeï Ivanovitch au début du roman *Le Joueur* – se fait des illusions et ce, bien évidemment, qu'il finisse par gagner ou non. Comme le dit le personnage, la croyance avant le gain n'était pas fondée sur un savoir ni même sur un ensemble raisonné d'informations mais sur *un désir très puissant*. Il y a là d'ailleurs un phénomène spécifique d'aveuglement dont André Comte-Sponville souligne qu'il mériterait d'être interrogé dès lors que le jeu n'apparaît possible qu'à la condition que les martingales ne le soient pas.

En revanche, et dans une dynamique différente, si nous disons : « Nous désirons diriger cette entreprise car c'est là un moyen de construire des choses intéressantes », nous considérerons qu'il s'agit ici, si ce n'est nécessairement de notre désir véritable, à tout le moins d'une étape vers le chemin de sa concrétisation.

Une définition du désir

Ces deux discriminations – entre pulsion et désir, d'une part, et illusion et désir, d'autre part – trouvent leurs assises théoriques chez Deleuze. Pour l'auteur, on ne désire pas quelqu'un ou quelque chose (la confusion avec la pulsion n'est donc plus possible). On désire dans un ensemble, on désire un tout. « L'homme ne désire pas une femme (qui ne serait que l'illusion

– nous n'avons pas dit *une* illusion...), il désire un paysage qu'il pressent dans cette femme (le désir véritable). » Il n'y a donc pas de désir qui ne coule sans un agencement : « Désirer, c'est toujours construire un agencement, c'est toujours construire une région » (cette fois, c'est la confusion entre l'illusion et le désir véritable qui n'est plus possible).

> Le désir, c'est cette petite bille qui tourne et qui nous fascine. Toujours de l'or sur la table. Toujours de l'espoir dans le cœur. (*L'Idiot*)

Ce que nous avons appris sur le désir

Nous pouvons mettre en acte notre désir

Tout d'abord, nous pouvons mettre en acte notre désir. Parce que, a priori, nous pouvons aimer et nous pouvons créer (c'est là, nous l'avons déjà souligné, le but de la vie tel que Freud l'a défini), rien ne semble pouvoir s'opposer de façon déterminante à ce que nous puissions mettre en acte notre désir dans la réalité voire à réussir à le satisfaire pour tout ou partie.

Le désir est multiple et unique à la fois

Ensuite, nous avons vu que le désir est bivoque et unique à la fois. Le désir est bivoque parce qu'il couvre deux domaines : l'amour et la création. Le désir est unique, parce que si on peut aimer plusieurs fois, les racines de l'amour demeurent toujours les mêmes. C'est d'ailleurs cette même dynamique qui est repérable pour ce qui touche à la création. Simplement, comme plusieurs étapes parfois sans lien immédiat peuvent être nécessaires à sa mise en œuvre, nous pouvons avoir l'impression de désirer des choses différentes à certains moments de notre vie. En réalité, il ne s'agit là que de constructions successives qui toutes contribuent à la réalisation du même désir.

L'identification de son désir prime sur sa mise en acte

Enfin, que s'il existe une priorité, celle-ci a incontestablement à voir avec l'identification de son désir. Certes, et il ne s'agit sûrement pas de minimiser la mise en acte du désir, c'est là quelque chose de tout à fait fondamental – si nous n'éluderons pas la question dans ce premier tome du *Développement Personnel*, nous consacrerons une grande partie du tome deux à ce sujet – mais dans « l'ordre des priorités », rien ne peut se faire sans la compréhension préalable de ce que nous voulons faire de notre vie. Aussi, en regard de l'identification de son désir, sa mise en acte n'est-elle que seconde. En effet, et comme nous l'avons déjà mentionné, la « crise de la quarantaine », c'est avant tout la prise de conscience d'une vie passée « à côté » ; non de la réalisation de son désir mais de son identification. Autrement exprimé, et c'est là tout autant une question de bon sens, on ne peut raisonnablement parler de la mise en acte de son désir qu'à la condition expresse que celui-ci ait été identifié.

Pour nous en convaincre, nous pouvons nous prêter à ce petit exercice qui nous commande de nous concentrer et de passer en revue les personnes de notre entourage. Qui maintenant parmi nous peut dire qu'il ne connaît pas au moins un Monsieur Duval, ce « pauvre type » dépeint par Vialatte qui chaque soir attend l'autobus 27 en espérant plus qu'une chose : conserver son travail ?

> Voici un de ces malheureux qui est un homme honnête et même bon, qui est la providence de sa famille, qui entretient et fait vivre avec son travail non seulement les siens mais encore des étrangers. Que lui advient-il ? Il n'a pas de tranquillité pendant toute sa vie ! La conscience d'avoir si bien rempli ses devoirs d'homme n'arrive pas à le rasséréner. Au contraire, cette pensée l'irrite. « Voilà, dit-il, à quoi j'ai gâché mon existence ; voilà ce qui m'a lié bras et jambes ; voilà ce qui m'a empêché d'inventer la poudre ! Sans ces obligations, j'aurais peut-être découvert la poudre ou l'Amérique ; je ne sais pas au juste quoi, mais j'aurais sûrement découvert quelque chose ! » (*L'Idiot*)

Le plus caractéristique de ces gens-là, c'est qu'ils passent leur vie sans parvenir à savoir exactement ce qu'ils doivent découvrir et qu'ils sont toujours à la veille de créer ou de découvrir la poudre ou l'Amérique. Pour Dostoïevski, le véritable problème n'est pas cette souffrance où les plonge l'attente angoissée de cette découverte – souffrance qui eût suffit à la destinée d'un Colomb ou d'un Galilée qui, indépendamment du regard que l'on peut porter sur leurs réalisations, savaient parfaitement ce qu'ils désiraient – mais le fait qu'ils ne fassent rien de cette souffrance.

Si nous pouvons en sourire, il ne faudrait pas pour autant nous exonérer de ce mouvement. Beaucoup d'entre nous sommes comme ce Noir : nous cherchons dans une cave noire un chapeau noir qui ne s'y trouve peut-être pas. Aussi, demeurons-nous en permanence des non-connaisseurs de notre désir et donc de ce que nous avons envie de faire de notre vie. Telle est notre situation, franchement ! « Navigateurs égarés, nous avons besoin de signaux de feu » écrira Nietzsche dans *L'Antéchrist*.

Les questions que nous devons nous poser

Comment réussir à comprendre ce que nous voulons faire de notre vie ? Comment réussir à identifier notre désir véritable, ce fameux désir qui fait une vie ? Et pourquoi est-ce si difficile ? Et, parce que de la réponse à cette dernière question dépend notre capacité d'identifier notre désir véritable, c'est celle-ci que nous travaillerons en priorité.

Au fil de ce travail, d'autres questions vont se faire jour. Ainsi, comment se manifestent les « autres » désirs, ces fameux désirs qui ne sont que des illusions du désir véritable ? Quelle signification peut-on donner à ces « autres » désirs qui eux peuvent endiguer une vie ? Et pourquoi ces résistances à l'éclosion du désir véritable ?... Restera alors la question de la mise en acte de son désir.

Les Démons

C'est difficile de réussir à identifier son désir

Les leurres au désir véritable

Parce que les hommes et les femmes se trouvent le plus souvent dans l'incapacité d'identifier leur désir véritable et donc de comprendre ce qu'ils veulent faire de leur vie, ils vont cotiser à des pulsions ou à des illusions de leur désir. Si nous avons commencé à en dénouer les fils les plus visibles, nous n'avons pas encore travaillé sur cette idée que ces pulsions et ces illusions – ces désirs-écrans en quelque sorte au désir véritable – organisent ce que nous appellerons, ci-dessous, des « plaisirs à bon marché ».

Prendre ses désirs pour la réalité

Oui, il peut arriver que l'idée la plus délirante, l'idée la plus impossible à première vue, se cristallise si fort dans notre tête que nous finissons par la prendre pour quelque chose de réalisable…

> Bien plus, si cette idée se fond avec un désir très puissant, un désir passionné, il peut arriver qu'on la prenne pour quelque chose de fatale, d'indispensable, de prédestinée, quelque chose qui déjà ne peut pas ne pas être, qui est forcée de survenir ! Peut-être y a-t-il là quelque chose, comme une espèce de combinaison de pressentiments, une sorte d'invraisemblable effort de la volonté, comme un empoisonnement de notre propre fantaisie par elle-même ou autre chose encore. (*Le Joueur*)

La tentation des chimères

Les chimères, ce sont les illusions du désir véritable qui ne font pas sens. Ces rêves sans autre consistance que d'être pris au sérieux. Ainsi cette chimère de Dostoïevski adolescent : « J'ai un projet : devenir fou. »

> Il ne manque pas de jeunes gens comme vous, et leurs talents sont en effet toujours menacés de se développer du mauvais côté : servilité à la Moltchaline (un des personnages les plus marquants de la comédie de Griboiédov, *Malheur à l'esprit*), ou bien désir caché de désordre. (*L'Adolescent*)

Les contreforts du délire

Plus difficiles peut-être à comprendre parce que cela a à voir avec la petite enfance, ce que nous appelons les « contreforts du délire ». Prenons l'exemple du fétichisme. Si depuis Alfred Binet nous tentons réellement de faire remonter celui-ci à des impressions d'enfance érotiques, ce n'est pourtant que l'éloignement durable de la femme qui produira l'aptitude personnelle ou, comme nous avons coutume de le dire, la prédisposition à la formation d'un délire. Pour Freud, le développement du trouble psychique débute au moment où une impression fortuite éveille les expériences enfantines tombées dans l'oubli et marquées d'érotisme, tout au moins sous forme de traces. Ainsi, dans *Le Délire et les rêves dans la* Gradiva *de W. Jensen*, les impressions du jeune archéologue au sujet de sa *Gradiva* pourraient être un écho de ses souvenirs d'enfance oubliés. Elles ne seraient donc pas des productions arbitraires, mais seraient déterminées sans qu'il le sache par le matériel de la petite enfance, matériel qu'il a oublié mais qui existe et agit toujours en lui.

Voilà pourquoi, pas plus que nous ne sommes exempts de cotiser aux désirs-écrans ou à la tentation des chimères, nous ne sommes insensibles à la force des impressions de l'enfance. « Que personne ne croit pouvoir se soustraire aux premières impressions de sa jeunesse » dira Goethe.

Stiépantchikovo et ses habitants

Les plaisirs à bon marché

Prendre ses désirs pour la réalité, connaître la tentation des chimères, côtoyer les contreforts du délire ; bien sûr, et qui n'en a jamais rêvé, comme la vie serait belle si nous pouvions comme cela, sur la seule force de notre volonté, nous en exonérer. Seulement voilà, comme jadis les Sirènes pour Ulysse, nous avons beau savoir qu'il ne faudrait y voir là qu'une tentation, il n'est pas toujours facile de nous garder d'y succomber. C'est pourquoi il ne faudrait pas jeter l'anathème sur des plaisirs dont le moins que l'on puisse dire est qu'ils sont bien humains. Ils sont d'ailleurs tellement humains que nous cotisons tous, certes plus ou moins, à cette forme de facilité qu'organisent les plaisirs à bon marché.

Les plaisirs à bon marché, ce sont les plaisirs faciles

> « Où ai-je lu, pensa Raskolnikov en s'éloignant, qu'un condamné à mort disait une heure avant son supplice que s'il lui fallait vivre sur quelque cime, sur une roche escarpée, où il n'aurait qu'une étroite plate forme juste assez large pour y poser les pieds, une plate-forme entourée de précipices, perdue au milieu d'océans infinis dans les ténèbres éternelles, dans une perpétuelle solitude, et s'il devait rester là, exposé aux tempêtes incessantes, sur ce lambeau, sur ce mètre d'espace, y rester toute sa vie, mille ans, toute l'éternité, il préférerait encore cette vie à la mort ? Vivre, vivre seulement, vivre n'importe comment, mais vivre… Que c'est donc vrai Seigneur, que c'est donc vrai ! L'homme est un lâche… et lâche est celui qui lui reproche cette lâcheté » ajouta-t-il au bout d'un moment. (*Crime et Châtiment*)

Comme souvent en ces cas, nous ne pouvons parler véritablement de problème que lorsque ces plaisirs à bon marché embolisent suffisamment l'existence pour interdire la construction d'autres plaisirs. Les plaisirs à bon marché, ce sont donc les plaisirs faciles, les plaisirs accessibles sans efforts notoires. Pour raconter ce que sont ces plaisirs, Freud prend appui sur le procédé qui consiste à exposer sa jambe nue au froid, hors du lit, pour avoir ensuite le *plaisir de la remettre au chaud*. Dans le domaine du travail, ce serait par exemple se complaire dans une médiocrité bienheureuse et cotiser à ce que Balzac appelait la « charogne bureaucratique ». Dans la vie quotidienne, ce serait goûter au plaisir d'entendre parler de soi. « Même sur un banc d'accord, c'est toujours intéressant d'entendre parler de soi » dira Camus dans *L'Étranger*.

Ces plaisirs participent à la destruction de la personne

Le problème s'aggrave encore si nous considérons que la plupart des plaisirs à bon marché n'ont malheureusement rien à voir avec cette forme somme toute bien « innocente ». Car après tout, qu'est-ce qu'une jambe au froid ? Non, ce qui est véritablement ennuyeux, c'est que ces plaisirs à bon marché vont prendre armature sur des aspects de la personnalité qui eux peuvent être décrits comme masochistes.

> Ce plaisir et cette force qu'ils empruntent à leur bassesse et qui consistent à se plonger dans la corruption et à se pervertir. (*Les Frères Karamazov*)

On peut jouir de la douleur et de la souffrance

Dans certains cas, ces plaisirs peuvent aller jusqu'à participer activement à la destruction de la personne. C'est le cas de ceux qui jouissent de leur douleur et même… de leur souffrance.

> Elle était offensée, sa blessure ne pouvait se cicatriser, et elle s'efforçait de la rouvrir par ces agissements secrets, par cette défiance envers nous tous ; elle se délectait de cette douleur, de cet *égoïsme de la souffrance*, si l'on peut s'exprimer ainsi. Je comprenais ce besoin d'envenimer sa souffrance et cette délectation : c'était celle de beaucoup d'humiliés et offensés, opprimés par le sort et conscients de son injustice… Il me semblait qu'elle faisait exprès d'envenimer sa blessure, qu'elle éprouvait le besoin de se désespérer, de souffrir… (*Humiliés et offensés*)

> La souffrance est une grande chose, Rodion Romanovitch (Raskolnikov). Ne vous étonnez pas de m'entendre parler ainsi, moi, un homme engraissé dans le bien-être. (*Crime et Châtiment*)

On peut jouir de ses propres sentiments

D'autres vont jouir de leurs propres sentiments. Pour Dostoïevski, l'homme jouit, en quelque sorte, de sa propre colère et s'y abandonne sans aucune retenue et même avec une délectation croissante, quoi qu'il en puisse advenir.

> Stéphane Trophimovitch trouvait grand plaisir, par exemple, à sa situation de « persécuté » et « d'exilé ». Ces deux termes, auréolés d'un prestige en quelque sorte classique, l'avaient séduit une fois pour toutes ; le rehaussant progressivement dans sa propre estime, ils avaient fini par le placer à ses yeux sur une sorte de piédestal élevé et fort agréable pour son amour-propre. (*Les Démons*)

On peut jouir de son propre ridicule

Pour Stephan Zweig, certains vont même jusqu'à retirer du profit de leur propre ridicule et du fait que l'on puisse rire d'eux. C'est le cas de Don Quichotte, certainement l'une des plus belles figures de la littérature et très certainement la plus achevée. Et bien, qui d'entre nous n'a jamais trouvé Don Quichotte beau ? Or, et ne nous voilons pas la face, si nous le trouvons beau, c'est parce qu'il est dans le même temps franchement ridicule. Ce qui est ici très intéressant, c'est que se trouve soulignée dans ce mouvement toute notre difficulté à nous défaire de cette forme « d'agacement masochiste »… Prenons maintenant le Pickwick de Dickens (où l'idée est infiniment plus faible que dans Don Quichotte mais quand même immense). N'est-il pas tout autant ridicule ? Et n'est-ce pas par-là qu'il nous prend et qu'il tire sa réussite ? Nous pourrions multiplier les exemples. Ainsi Jean Valjean, est-ce que lui non plus n'attire pas la sympathie par « l'énormité de son malheur et l'injustice de la société à son égard » ?

> On aurait dit qu'il prenait plaisir à jouer devant tout le monde le rôle ridicule de mari trompé, à dépeindre son infortune en chargeant les couleurs. « On croirait que vous êtes monté en grade, Fiodor Pavlovitch, tant vous paraissez content, malgré votre affliction » lui disaient les railleurs. Beaucoup ajoutaient qu'il était heureux de se montrer dans

> sa nouvelle attitude de bouffon et qu'à dessein, pour faire rire davantage, il feignait de ne pas remarquer sa situation comique. (*Les Frères Karamazov*)

En quelque sorte, et ce pourrait être notre credo : « Tout sauf l'indifférence ou l'humiliation pour prix du sentiment d'exister. » Et d'ailleurs, le meilleur moyen de s'attacher quelqu'un n'est-il pas de se faire détester pour développer chez celui-ci de la culpabilité ?

> En me fouettant, tu montreras que tu ne fais pas fi de moi. Fouette-moi, tu ne pourras plus m'oublier… (*L'Idiot*)

On peut jouir de ce qu'on montre à voir

Dans cette même dynamique, il existe le plaisir qui s'origine de la différence entre ce qu'on donne à voir et ce qu'on est.

> J'ai connu jadis une dame qui n'était plus de la première jeunesse : elle devait avoir vingt-sept, vingt-huit ans ; c'était une beauté comme on en voit peu. On la disait froide comme la glace et elle effrayait tout le monde par sa vertu redoutable et inaccessible. Et bien, le croirez-vous, il n'y avait pas plus débauchée que cette femme, et j'ai eu le bonheur de mériter entièrement sa confiance. En un mot, j'ai été secrètement son amant. La dame en question était si voluptueuse que le marquis de Sade lui-même aurait pu prendre des leçons chez elle. Mais le plaisir le plus aigu et le plus violent de cette liaison était le mystère et l'impudence de la tromperie. C'était en cela que consistait la plus haute jouissance… (*Humiliés et offensés*)

L'objet de ces plaisirs peut être de nuire aux autres

Dans d'autres cas, ces plaisirs peuvent mettre en cause d'autres hommes ou d'autres femmes. Cela peut commencer avec la provocation.

> Il n'y a pas que Nelly, ni les malades qui aient des caprices de ce genre. Combien de fois ne m'est-il pas arrivé d'aller et venir dans ma chambre avec le désir inconscient que quelqu'un me fasse sur-le-champ un affront ou me dise une parole qui puisse être prise pour une injure, afin de pouvoir soulager mon cœur ? Les femmes, lorsqu'elles « soulagent » ainsi leur cœur, commencent par répandre les larmes les plus sincères, et les plus sensibles vont même jusqu'à la crise d'hystérie. (*Humiliés et offensés*)

L'objet peut être aussi d'interdire la mise en acte des désirs d'autrui. C'est là un plaisir à bon marché dont nous voyons immédiatement les relations de « bon voisinage » qu'il ne va pas manquer d'entretenir avec la perversité. Ce sera le cas par exemple de Madame de Castries, une coquette, amusée à faire souffrir Balzac. Elle se laissera voler un baiser furtif mais se reprendra aussitôt lui signifiant ainsi qu'elle ne lui appartiendrait jamais. Agir de la sorte, c'était faire rêver Balzac et, d'un seul mot, couper la trame qu'elle semblait avoir pris plaisir à tisser.

Cela arrive parfois à des êtres excellents mais nerveux qui, en dépit de toute leur bonté, se laissent entraîner jusqu'à la jouissance par leur chagrin et leur colère, en cherchant à s'exprimer coûte que coûte, même en offensant un être innocent, de préférence celui qui leur tient de plus près.

> Cherchant sur qui décharger sa colère que lui inspire sa propre faiblesse, l'homme peut choisir précisément ceux qu'il soupçonnait le plus d'éprouver les mêmes désirs et les mêmes sentiments. (*Humiliés et offensés*)

Plus pervers peut-être, la volonté d'humilier son meilleur ami. Cet étrange sentiment de satisfaction intime que l'homme le plus compatissant ne peut s'empêcher d'éprouver à la vue du malheur d'autrui, fût-ce celui d'un ami cher. C'est vrai, dira Dostoïevski : « On aime voir son meilleur ami humilié devant soi. L'humiliation est à la base de la majeure partie de l'amitié, c'est là une vérité très vieille que tous les hommes intelligents connaissent. Oui, la chute du juste et sa honte font plaisir. »

> (Lettre de Macaire Alexéievitch à Varvara Dobrossiélova)
> Vous savez, c'est par-là que le monde tient ma petite amie. Par le fait que tous, nous élevons la voix devant le voisin, que chacun d'entre nous passe un savon à l'autre. Sans cette précaution, le monde ne tiendrait plus et l'ordre disparaîtrait. (*Les Pauvres Gens*)

Ces plaisirs peuvent ambitionner de faire « le mal pour le mal »

Et puis, il y a le mal pour le mal ; le mal pour le seul plaisir de faire mal. Ainsi de Cléopâtre ! Ne disait-on pas d'elle qu'elle s'amusait à enfoncer des aiguilles dans le sein de ses esclaves et prenait grand plaisir à leurs cris et à leurs contorsions ?

> Mais il haïssait Natacha et, voyant que l'affaire ne se concluait pas, il changea aussitôt de ton. Avec une joie mauvaise, il se hâta de la blesser afin, au moins, de ne pas partir les mains vides. (*Humiliés et offensés*)

Moins violentes mais tout aussi destructrices, les mesquineries, hypocrisies et autres méchancetés.

> Parler des grades et des chefs, savoir qui a la primauté, lequel peut faire plier l'échine aux autres, devant qui celui qui commande doit lui-même s'incliner, voilà ce dont les forçats aiment à discourir. Ce sujet les occupe beaucoup, ils en discutent âprement, ils s'injurient, ils vont jusqu'à se battre. On pourrait croire qu'ils n'y ont aucun intérêt, seulement voilà, c'est à la connaissance détaillée des choses administratives que se mesure le degré d'intelligence de l'individu, l'instruction acquise avant le bagne, la place occupée dans la société. Oui, parler des hautes sphères donne aussitôt une réputation de sérieux et d'élégance. (*Souvenirs de la maison des morts*)

Ce sont là mis à jour tous les « cuchmutages » (c'est là un « joli » nom pour raconter les méchancetés – ce que Brel appelait « les mesquines envies et les nobles intolérances ») dont nul d'entre nous n'ignore rien. Ainsi le potin est-il une chose savoureuse écrira Dostoïevski dans ses *Chroniques Pétersbourgeoises*. Dans ce même mouvement, *Les Démons* – certainement le roman le plus « dostoïevskien » – donne une sensation générale de désordre et de chaos où les personnages les plus en vue sont à quelque égard que ce soit des déséquilibrés. Songe-creux, lunatiques, hystériques, maniaques, fanatiques, ils se traitent eux-mêmes les uns les autres de fous, à juste titre d'ailleurs dans une ville tout entière, Skvoréchniki, qui ne vit que d'envie, de cancans, de cynisme et de méchanceté.

Ces plaisirs sont une caractéristique de la nature humaine

Pour Dostoïevski, dans ce tableau d'une société que ses vices et sa lâcheté ont désarmée, mise à mal par des révolutionnaires dont la troupe est formée d'imbéciles ou de fanatiques et dont le chef n'est pas guidé par une doctrine mais par une volonté de destruction, ces plaisirs à bon marché organisent des caractéristiques somme toutes très communes de la nature humaine.

> Les hommes, même les scélérats, sont dans la plupart des cas beaucoup plus naïfs et beaucoup plus simples que nous ne nous le figurons d'après leurs actes. Et nous-mêmes également… Seulement cette nature peut s'ouvrir à des forces irrésistibles venant du dessous ou d'en haut. Le mal se colle à l'homme et le dévore comme un « insecte », une

> ignoble « araignée », une « tarentule » à la piqûre mortelle. Et ce mal est multiforme : sensualité, égoïsme, avarice, appétit de domination, besoin de faire souffrir les autres et soi-même aussi, ne fût-ce que pour « jouer un rôle inattendu ». (*Le Double*)

Pour une fois peut-être, Dostoïevski n'a rien inventé. Shakespeare, et bien d'autres avant lui déjà, avait relevé pour les consigner au fil de ses tragédies les traits de l'hypocrisie que tous – ne le dirons-nous jamais assez – distillons au quotidien. « Tenez ! dira Hamlet à Rosencrantz, mon oncle est roi du Danemark ; eh bien ! ceux qui lui auraient fait la grimace du vivant de mon père donnent vingt, quarante, cinquante et cent ducats pour son portrait en miniature. »

Un exemple auquel nous cotisons tous : la jalousie

Et puis, parce que nous ne pouvions pas les passer sous silence : la jalousie, les bassesses et toutes ces « minableries » (c'est là un autre joli nom tout aussi « charmant » pour désigner les « cuchmutages » dont nous savons déjà qu'ils désignent les méchancetés). La jalousie tout d'abord ; elle non plus n'est pas facile à repérer. Ainsi Othello ! « Il n'est pas jaloux, il est confiant » dira Pouchkine. Pourquoi ? Parce qu'Othello est bouleversé. Bouleversé comme on pourrait l'être parce qu'*il a perdu son idéal.* Pourtant, et contrairement à ce qu'aurait fait le vrai jaloux, il n'ira pas se cacher et encore moins espionner ou écouter aux portes. Non, il est confiant. C'est ainsi ! Plus même, il a fallu le mettre sur la voie. Il a fallu l'exciter à grand-peine pour qu'il se doute de la trahison. Tel n'est évidemment pas le vrai jaloux !

> Une colère furieuse bouillonna soudain dans le cœur de Mitia : « Le voilà mon rival, le bourreau de ma vie ! » C'était un accès irrésistible, l'emportement dont Mitia avait parlé à Aliocha lors de leur conversation dans le pavillon. (*Les Frères Karamazov*)

Bien que nous cotisions tous à une forme ou à une autre de jalousie, nous ne pouvons pas nous imaginer l'infamie et la dégradation dont un « vrai jaloux » est capable de s'accommoder sans aucun remords. Aussi devons-nous nous en convaincre, ce ne sont pas toujours des âmes viles qui agissent de la sorte. Au contraire, tout en ayant des sentiments élevés, un amour pur et dévoué, nous pouvons préférer nous cacher sous les tables, acheter des coquins, nous prêter au plus ignoble espionnage. Pour revenir à Othello, bien qu'il eût la douceur et l'innocence d'un petit enfant, celui-ci n'aurait jamais pu se résigner à une trahison. Alors le vrai jaloux, qui est-il ? Même s'il est toujours difficile d'esquisser un portrait-robot, nous pouvons pour nous aider dans notre quête considérer Ivan Andréiévitch, le héros de *La Femme d'un autre...* et du *Mari sous le lit*, comme un archétype tout à fait convenable. Comme nous pouvons éprouver de la peine à nous figurer les compromis et l'indulgence dont certains sont capables, les jaloux sont les premiers à pardonner. Toutes les femmes le savent. Pour Dostoïevski, Ivan Andréiévitch pardonnerait (après une scène terrible bien entendu – il faut savoir sauver les apparences) une trahison presque flagrante, les étreintes et les baisers dont il a été témoin à la condition – promis, juré – que cette fois justement ce soit bien « la dernière fois »... que son rival disparaisse, s'en aille au bout du monde et que lui-même parte avec sa bien-aimée dans un lieu où elle ne rencontrera jamais plus cet « autre ». La réconciliation, naturellement, n'est que de courte durée. En l'absence du premier rival, le jaloux en invente un second. Or que vaut un tel amour, objet d'une surveillance incessante ? Mais un vrai jaloux ne le comprendra jamais. Il y a pourtant parmi eux des gens aux sentiments élevés et, chose étonnante, alors qu'ils ont honte de leur conduite, ils n'éprouvent sur le moment aucun remords.

> Bien que le *starets* gagnât une foule de cœurs par l'amour plus que par les miracles et eût constitué comme une phalange de ceux qui l'aimaient, il s'était pourtant attiré, par-là même, des envieux, puis des ennemis, tant déclarés que cachés, non seulement au monastère mais parmi les laïcs. Bien qu'il n'eût causé de tort à personne, on disait : « Pourquoi passe-t-il pour un saint ? » Et cette seule question, à force d'être répétée, avait fini par engendrer une haine inextinguible. Aussi, je pense que beaucoup, en apprenant qu'il sentait mauvais au bout de si peu de temps – il n'y avait pas un jour qu'il était mort – en furent ravis. Ensuite, le blâme et même les accusations ne furent pas épargnés au défunt : « Il enseignait à tort que la vie est une grande joie et non une humiliation douloureuse » disaient quelques-uns parmi les plus bornés. « Il croyait d'après la nouvelle mode, n'admettait pas le feu matériel en enfer » ajoutaient d'autres encore plus obtus. « Il ne jeûnait pas rigoureusement, se permettait des douceurs, prenait des confitures de cerises avec le thé ; il les aimait beaucoup, les dames lui en envoyaient. Convient-il à un ascète de prendre du thé ? » disaient d'autres envieux. « Il trônait plein d'orgueil, rappelaient avec acharnement les plus malveillants ; il se croyait un saint, on s'agenouillait devant lui, il l'acceptait comme une chose due. » « Il abusait du sacrement de la confession » chuchotaient malignement les plus fougueux adversaires du *staréisme* et parmi eux des religieux âgés d'une dévotion rigoureuse, de vrais jeûneurs taciturnes qui avaient gardé le silence

> durant la vie du défunt mais ouvraient maintenant la bouche. (*Les Frères Karamazov*)

Quant aux bassesses, la littérature en a souvent fait ses choux gras. « Puisqu'il faut faire des bassesses, faisons-les jusqu'au bout, pourvu que j'en tire parti !... Si une vilenie est nécessaire, qu'elle soit au moins poussée à fond ! » dira Gavrila Ardalionovitch, aussitôt entré au service d'Epantchine, dans *L'Idiot*.

Ces plaisirs sont des résistances au changement individuel

Aboutés, les plaisirs à bon marché ne sont en réalité que les conséquences d'un ensemble glacé beaucoup plus vaste : les résistances au changement individuel. La fonction de ces résistances est de fabriquer de l'inhibition à l'action. L'ensemble des eaux glacées – addition des résistances au changement et de l'inhibition à l'action – révèle la présence d'un iceberg : la névrose. La partie émergée de l'iceberg de la névrose montre deux choses : d'une part, la souffrance que la personne ressent à conduire sa vie comme elle le souhaiterait et, d'autre part, les sabotages qu'elle organise pour échouer à réussir. Le nœud de cette névrose, le cœur de l'iceberg en quelque sorte, qui transforme tout en glace et paralyse la personne dans sa capacité à identifier son désir véritable et donc à comprendre ce qu'elle veut faire de sa vie est à voir dans le « trop de père ».

Les Nuits blanches

Les résistances au changement individuel

Les résistances, ce sont toutes ces choses qui nous interdisent d'agir. Si comme nous le verrons les résistances organisent toujours de l'inhibition à l'action, l'empêchement à agir a un corollaire : l'enkystement de notre façon de faire ou de fonctionner. De sorte que, parler ici de résistances, c'est avant tout parler de résistances au changement individuel... Comme les plaisirs à bon marché, les résistances au changement individuel sont multiples. Il y a les résistances qui sont organisées sur soi (elles composeront le premier groupe) et les résistances qui sont organisées sur l'extérieur (elles composeront le deuxième groupe).

Les résistances organisées sur soi

Le premier groupe de résistances est composé des résistances dont l'objet est de nier nos propres résistances.

La tentation que représentent les techniques hypnotiques

Personne ne l'ignore pourtant, il n'y a là qu'énormité à vouloir rendre possible ce que nous savons bien, pourtant, tout à fait impossible. Ainsi à ses débuts, relate Stephan Zweig dans *La Guérison par l'esprit*, Freud a eu recours à l'hypnose comme instrument de libération psychique. À cette époque « préhistorique » de la psychanalyse, sa tâche était d'aider à arrêter les crises du sentiment : l'hypnose représentait pour ainsi dire l'anesthésique pour l'opération à faire. Pour Stephan Zweig, c'est seulement lorsque les entraves de l'état de veille conscient sont tombées, que le malade peut exprimer librement ce qu'il a de plus secret. On procure ainsi un exutoire à une âme qui étouffe – c'est l'affranchissement de cette tension que la tragédie grecque chante comme un bonheur et une délivrance ; Breuer et Freud ont donc d'abord qualifié leur méthode de « cathartique », dans le sens de la « catharsis » d'Aristote. Seulement voilà, si grâce à l'hypnose le symptôme qui n'a qu'un sens symbolique semble disparaître, en réalité il resurgit sous une autre forme… Tout est donc toujours à refaire !

Les ouvrages qui racontent qu'il est possible de changer

Il en va de même de la séduction qu'exercent les ouvrages où nous allons nous illusionner sur nos capacités à changer. Tous savons pourtant que ces techniques ne peuvent qu'échouer. Ce n'est pas parce que l'on comprend quelque chose de façon intellectuelle que l'on peut tout autant par l'opération d'un quelconque Saint Esprit la mettre à exécution. Oui, entre la compréhension intellectuelle des choses et la compréhension physique des choses, il existe autant de différence qu'il en existe entre ce qui serait « vouloir raconter la messe et vouloir la chanter. » Malgré cela, et c'est là un bon indice de la puissance de notre résistance, ces techniques restent suffisamment fascinantes pour être attractives. C'est là dévoilée par exemple toute la supercherie dont faisait acte Lacan : faire croire au patient qu'il pourrait devenir un semblable à lui, en quelque sorte un *même* qui non seulement pourrait devenir son successeur mais qui en plus le dépasserait. C'est là tout autant l'imbécillité (il n'existe malheureusement pas d'autre mot et même les guillemets seraient en trop) des séminaires de motivation dans l'entreprise. Que l'on nous montre un seul manager, un « bien » naturellement, qui soit devenu ce qu'il est après être passé à la « moulinette » d'une formation de ce type… Pour s'en persuader, il nous suffit de prendre un domaine, affectif ou professionnel, qu'importe. Alors nous voyons comme il est difficile de faire abstraction de ce que nous sommes (c'est-à-dire de notre compréhension physique des choses) ou de ce que nous faisons (c'est-à-dire de notre compréhension intellectuelle des choses). Nous voyons là encore ce que nous avons toujours su : il n'est pas possible de passer au gré de notre seule volonté d'un registre à un autre comme nous pourrions chausser ou retirer une paire de lunette.

Une résistance un peu particulière : le recours à l'astrologie

Dans cette même dynamique toujours, le recours à l'astrologie… Pour Quinte-Curce, dans son *Livre 4*, parce que les hommes sont dominés par la superstition qu'autant que dure la crainte, ils l'utilisent comme un moyen de se contrôler tant ils savent que rien n'est plus efficace qu'elle. Les individus alors se comportent comme Alexandre aux portes de Suse. Lorsqu'il commença à éprouver des craintes, il eut recours à des devins. Après sa victoire sur Darius, il cessa de consulter devins et aruspices. Ce n'est qu'une fois abandonné des Bactriens, provoqué par les Scythes, lui-même blessé, qu'il retomba dans la superstition qui sert de jouet à l'esprit humain et chargea Aristandre, sur qui reposait sa crédulité, de savoir par des sacrifices quelle tournure prendraient ses affaires.

Toujours dans ce même mouvement, Freud aimait citer ce philosophe qui lui écrivait : « J'ai aussi commencé à noter des cas d'erreurs frappantes, d'actes accomplis sans y penser qui me sont arrivés à moi-même et pour lesquels on se donne des motifs après coup (de façon très déraisonnable). Il est effrayant mais typique de constater quelle somme de bêtises vient alors au jour. » Qu'on ajoute à cela que la croyance aux esprits, aux fantômes et aux revenants, qui trouve tant de points d'appui dans les religions et à laquelle nous avons tous été attachés, tout au moins dans notre enfance, n'a nullement disparu chez toutes les personnes cultivées et que bien des gens par ailleurs raisonnables estiment que l'on peut concilier la pratique du spiritisme avec la raison. Oui, même celui qui a acquis une tête froide et est devenu incrédule peut constater non sans honte avec quelle facilité il revient à la croyance aux esprits quand l'émotion et le désarroi se rencontrent en lui.

Les résistances tournées vers l'extérieur

Un deuxième groupe de résistances est constitué des résistances tournées vers l'extérieur. Leur objet est de dénier les efforts qui doivent être fournis pour construire de belles et grandes choses.

Le déni du travail pour réussir de grandes choses

Parmi celles-ci, une résistance partagée par beaucoup d'entre nous consiste à dénier le travail qui se trouve pourtant au fondement même de la grande majorité des réussites.

> C'est une illusion [c'est une résistance (*NDLR*)] de penser qu'il y a des gens à qui tout réussit et d'autres qui manquent tout ce qu'ils font… (*L'Idiot*)

La construction psychologique d'un tel déni est assez simple. Le mouvement est celui-ci : pour nous exonérer de notre incapacité à travailler, nous nous demandons comment font ceux qui réussissent sans jamais imaginer une seule seconde la somme de travail qu'exigent leurs réussites. Car reconnaître pour nous l'aspect fondateur du travail dans cette dynamique, ce serait nécessairement reconnaître que nous pouvons en faire autant dès lors que nous acceptons de nous en donner la peine et les moyens. Nous allons donc jalouser ceux qui réussissent et imaginer qu'ils ont bénéficié de facilité voire du travail d'un autre. Aussi n'hésitons-nous pas, s'il le faut, à les « accuser » de réussir sans travailler. En agissant ainsi, nous nous protégeons de la réalité et donc de la compréhension que c'est nous qui refusons de payer le prix que représente le travail.

La volonté d'exclure les personnes différentes

Une autre forme de résistance de nature similaire est la tentation « d'exclure » de la communauté les personnes qui réussissent. Nous les élevons alors au rang de « génie » sans discernement d'ailleurs sur l'effectivité réelle de leurs réussites (ce qui peut conduire à des confusions où le talent d'un grand créateur sera mis sur le même pied d'égalité que le talent supposé d'un guérisseur). Pour Stephan Zweig (*La Guérison par l'esprit*), l'émotion que nous ressentons devant « l'inexplicable » génie créateur d'un Beethoven, d'un Balzac ou d'un Van Gogh, le peuple, lui, la concentre encore aujourd'hui sur tous ceux en qui il croit reconnaître des forces supérieures de guérison. Toujours il réclame comme intermédiaire, au lieu de la drogue froide et inanimée, la chaleur humaine vivante qui irradie la « puissance ». Le sorcier, le magnétiseur, le berger et la guérisseuse de village éveillent en lui plus de confiance que le docteur appointé par une municipalité et ayant droit à une pension, parce qu'eux exercent la médecine non pas comme une science mais comme un art et surtout comme une magie noire interdite

Les autres résistances

La volonté constante de perfection

Sans constituer pour autant un troisième groupe, d'autres résistances pourraient être mentionnées. Ainsi de la volonté constante de perfection. Or la recherche éperdue de perfection interdit toute action. C'est là sûrement un excellent moyen de ne jamais rien faire. Les convenances, lorsqu'elles sont rigides, appartiennent sans conteste à cette même catégorie.

> Devenez un soleil et tout le monde vous apercevra. Le soleil n'a qu'à exister, à être lui-même. (*Crime et Châtiment*)
>
> Comme Maria Alexandrovna se distingue toujours par son irréprochable *comme il faut*. (*Le Rêve de l'oncle*)
>
> L'harmonie coûte trop cher. (*Souvenirs de la maison des morts*)

Dans ce même dessein de perfection, la tentation de l'encyclopédisme. Les gens prêts à renseigner sur toute chose se rencontrent parfois voire assez fréquemment dans une certaine classe de société. Ils savent tout parce qu'ils concentrent dans une seule direction les facultés inquisitoriales de leur esprit. Cette habitude est naturellement la conséquence d'une absence d'intérêts vitaux plus importants. Du reste, en les qualifiant d'omniscients, nous sous-entendons que le domaine de leur science est en réalité très limité.

> La plupart du temps, ces « je-sais-tout » vont les coudes percés et touchent des appointements de dix-sept roubles par mois. Comme Lébédev, ceux dont ils connaissent si bien les tenants sont loin de se douter des mobiles d'une pareille curiosité. Pourtant, bien des gens de cette espèce se procurent une véritable jouissance en acquérant un savoir qui équivaut à une véritable science et que leur fierté élève au rang d'une satisfaction esthétique. (*L'Idiot*)

La tentation de la toute-puissance

Très voisine encore, la tentation de la toute-puissance, de l'absolu contrôle de ses sentiments et donc de ses actions.

> À la fin du *Joueur*, Alexeï Ivanovitch est encore persuadé – ou fait-il mine de l'être – qu'il suffit pour gagner d'être raisonnable et patient comme Dostoïevski le croyait encore en 1867 (*Le Joueur* date de 1866). Plus même, que « quand on est raisonnable, le cœur de marbre, froid et surhumainement prudent, alors on peut à coup sûr sans l'ombre d'un doute gagner tout ce qu'on veut ». (*Lettre à sa femme* du 18 mai 1867)

Non, et Dostoïevski a raison, ces gens-là sont autrement faits. Un vrai *conquérant* de ceux auxquels tout est permis canonne Toulon, organise des massacres à Paris, *oublie* son armée en Egypte, sacrifie un demi-million d'hommes dans la campagne de Russie. Oui, parce qu'à lui tout semble permis, un vrai *conquérant* se tire d'affaire par un calembour à Vilna et, après sa mort, on lui élève des statues. Mais ces hommes, nous devons en être persuadés, sont faits de bronze et non de chair.

> « Que serait-il arrivé si Napoléon s'était trouvé à ma place et qu'il n'ait eu pour aider ses débuts ni Toulon, ni l'Égypte, ni le passage des Alpes au Mont Blanc mais, au lieu de tous ces brillants exploits, une simple petite vieille parfaitement ridicule, une veuve usurière, qu'il devait tuer au surplus pour lui voler l'argent de son coffre (pour sa carrière, comprends-tu ?). Eh bien, s'y serait-il décidé n'ayant aucune autre alternative ? N'aurait-il pas été rebuté par ce que cette action offre de trop peu héroïque… ce qu'elle représente de criminel ? » Je te dirai que je me suis longtemps tourmenté l'esprit à réfléchir à cette question et je me suis senti tout honteux quand j'ai compris subitement que non seulement il n'en aurait pas été rebuté mais que l'idée ne lui serait pas venue que cette action pût sembler peu héroïque ; il n'aurait même pas compris qu'on pût hésiter. Et pour peu qu'il se sentît convaincu que c'était pour lui la seule issue, il l'aurait tuée proprement et sans le moindre scrupule… Alors moi… eh bien, je n'avais pas à en avoir… et j'ai tué… à son exemple… Voilà exactement ce qui s'est passé. Tu trouves cela risible ? Oui Sonia, et le plus risible c'est que les choses se sont réellement passées ainsi. (*Crime et Châtiment*)

Dans *L'Idiot,* Dostoïevski enfoncera le clou. Si beaucoup d'entre nous se prennent pour le Podkoliossine de Gogol, dans la réalité il est bien rare que les fiancés se sauvent en sautant par la fenêtre au moment de se marier, car toute autre considération à part c'est un geste qui n'est pas à la portée de chacun. « Cependant, beaucoup de fiancés, entre les estimables et non dépourvus d'esprit, se sont sentis, au moment de se marier, dans l'état d'âme de Podkoliossine. Tous les maris ne crient pas non plus, à tout propos : « Tu l'as voulu, George Dandin ! » Mais, mon Dieu, combien de millions et de millions de fois les maris de tout l'univers n'ont-ils pas répété ce cri du cœur après leur lune de miel, quand ce n'était pas le lendemain de leur noce ? » Et si tous ces George Dandin, tel que l'a créé Molière, et tous ces Podkoliossine existent en vérité : force est de constater qu'ils s'agitent et circulent quotidiennement devant nous… mais sous des traits bien atténués.

S'accommoder des choses et vouloir s'occuper des autres

Inverse à la toute-puissance, une résistance est visible dans notre capacité à nous accommoder de tout sans exigence aucune. Jésuite parmi les jésuites, nous savons nous fabriquer une casuistique subtile.

> Nous arrivons ainsi à nous persuader nous-mêmes, un moment, que tout est bien ainsi, que la chose était nécessaire, que l'excellence du but justifie notre conduite à ne pas agir. (*Crime et Châtiment*)

Autre résistance, enfin, la volonté farouche de vouloir s'occuper des autres. C'est là le plus souvent un moyen sûr de s'interdire de s'occuper de soi. Or, accepter de s'occuper de soi, c'est très certainement une étape indispensable sur le chemin de l'identification de son désir véritable ; identification dont on a vu qu'elle rend tangible ce qu'on veut faire de sa vie.

Les résistances qui font écran aux autres résistances

Plus intéressantes peut-être, les résistances qui font écran aux résistances énoncées ci-dessus.

La protection par l'habit

L'objet de la « protection par l'habit » est de faire écran aux résistances du premier groupe (c'est-à-dire aux résistances tournées vers soi).

> Le rêve du major ne se réalisa point. Il ne se maria pas quoiqu'il s'y fût tout à fait décidé pour le moment où les réparations de son logis seraient terminées. Au lieu d'épousailles, il fut mis en jugement et contraint de donner sa démission. De vieilles fautes étaient revenues sur l'eau : il avait été auparavant commissaire de police dans notre ville. Ce coup lui tomba dessus inopinément. La nouvelle causa dans la forteresse une joie débordante ; ce fut une fête, une vraie solennité. On raconta que le major geignait et pleurnichait comme une vieille femme. Mais ce fut bien en vain : il dut se résigner, donner sa démission et prendre sa retraite. Il vendit d'abord sa paire de chevaux gris puis tout ce qu'il possédait et finit par tomber dans la misère. Nous le rencontrions quelquefois en redingote râpée et en casquette à cocarde. Il nous regardait de travers. Mais son prestige s'était évanoui avec l'uniforme. En tunique c'était un dieu, en redingote on pouvait le prendre pour un valet. Pour combien en va-t-il de même ! Oui, l'habit fait le moine… (*Souvenirs de la maison des morts*)

Et pourtant, pouvons-nous en être si sûrs lorsqu'ici, incontestablement, l'habit protège en réalité le major de l'écroulement qui n'aurait pas manqué de survenir s'il avait eu la lucidité de reconnaître qu'il n'était pas ce qu'il avait voulu paraître.

> D'ailleurs, bien des gens ont un extérieur brillant et cherchent à passer pour vertueux parce qu'ils roulent carrosse. Les gens qui roulent carrosse ne manquent pas... mais au prix de quels moyens... (*L'Idiot*)

A contrario, de même qu'il faut raison garder devant trop d'atours, il ne faut pas juger de l'habit, même mité. Celui-ci peut tout autant servir de « couverture » au génie. « Tout génie, dit Nietzsche, porte un masque. » Freud – Stephan Zweig nous le rappelle – a choisi l'un des masques les plus impénétrables : celui de la discrétion. Sa vie extérieure dissimule une puissance démoniaque de travail sous une sorte de « bourgeoisisme » sobre de philistin. Rien dans son visage ! Non, vraiment rien des traits calmes et réguliers ne laissent deviner le génie créateur. Son œuvre hardie et révolutionnaire à l'extrême revêt les dehors modestes propres aux méthodes universitaires d'une science naturelle exacte. La froideur incolore de son style cache l'art cristallin de sa puissance créatrice. Génie de la sobriété, il aime manifester ce qui en son être est sobre et non ce qui est génial. Seule apparaît d'abord la mesure, le démesuré se révèle plus tard en profondeur. En toutes choses Freud est plus qu'il ne veut paraître et cependant en chacune de ses manifestations il demeure le même sans équivoque.

La protection par le travail

Autre forme d'habit, un peu particulier peut-être... le travail ! Oui, le travail aussi peut être une résistance. Parce qu'il permet de s'abriter, il permet de ne plus avoir de « temps à soi ». Or, et même s'il se peut que nous n'en fassions rien, il faut savoir nous ménager du temps (nous rebouclons ici avec l'impérieuse nécessité qu'il y a, si nous voulons identifier notre désir, à accepter de nous occuper *aussi* de nous). Plus même, nous devons accepter la douleur de « perdre du temps ». Car ce temps, indispensable pour laisser de la disponibilité à l'identification de ce que nous avons envie de faire de notre vie, est très certainement une des clés pour « réussir à nous en sortir ».

Vouloir que tout le monde devienne « intelligent »

Autre résistance à faire écran : vouloir que tout le monde devienne intelligent.

> Ensuite, j'ai pu me convaincre que ce moment n'arriverait jamais, que les hommes ne pouvaient changer, qu'il n'était du pouvoir de personne

> de les modifier. L'essayer n'eût été qu'une perte de temps inutile. Oui, tout cela est vrai… C'est la loi humaine… (*Crime et Châtiment*)

Le mépris, l'orgueil, et la tentation de « tout laisser tomber »

D'autres résistances comme le mépris et l'orgueil font écran aux résistances du deuxième groupe (c'est-à-dire aux résistances tournées vers l'extérieur).

> Raskolnikov divise l'humanité en deux, ceux qui sont faits pour obéir, le troupeau, et le petit nombre des élus, des hommes supérieurs pour qui la loi n'existe pas. Il tue pour savoir « s'il est un pou ou un homme ». Il méprise toute l'humanité, il est possédé d'un orgueil démoniaque et dès lors il ne peut ressusciter moralement. Même après son aveu… Son salut est seulement préparé par le châtiment. (*Crime et Châtiment*)

Voisine du mépris et de l'orgueil, la tentation de « tout laisser tomber », de se retirer au désert comme de se séparer des choses par des murailles de Chine. Terrible résistance qui veut que nous puissions croire qu'il suffit de partir pour laisser sur place le sac à dos de nos souffrances.

D'autres résistances auraient mérité de trouver leur place ici. Parmi celles-ci, la culpabilité et les résistances à la psychanalyse et donc à la volonté consciente de moins souffrir. Parce qu'elles sont bien évidemment fondamentales, elles seront développées ultérieurement.

Ce que nous allons développer

La fonction des eaux froides des résistances ? Nous en avons déjà parlé : fabriquer de l'inhibition à l'action ; les résistances et l'inhibition à l'action sont la signature de la névrose. En quelque sorte, autour de l'iceberg de la névrose, les résistances seraient les eaux froides et l'inhibition à l'action le sillage. C'est ce sillage que nous allons maintenant remonter. Après seulement, nous examinerons comment se structure la composition de la glace névrotique. Enfin, nous regarderons comment nous pouvons nous en protéger et même, pourquoi pas, tenter d'en réchauffer les principaux abords.

Humiliés et offensés

L'inhibition à l'action

Pour Henri Laborit, quand un individu ne peut contrôler son environnement au mieux de son plaisir, c'est-à-dire au mieux de son équilibre biologique et de son bien-être, il *tombe* en inhibition de l'action. Si l'inhibition de l'action ne peut être considérée comme un facteur que l'on retrouverait à l'origine de tous les problèmes, elle fait opposition à la réalisation de l'individu. Réductible à la pulsion à agir, le besoin de réalisation de l'individu pousse celui-ci à l'action, c'est-à-dire à se déplacer dans un environnement pour s'en assurer le contrôle.

Dans la vie de tous les jours, l'homme ou la femme lorsqu'il est dans l'incapacité à agir se trouve comme un animal devant le danger. Comme lui, il va donc tenter de fuir. Le problème s'origine bien évidemment du fait qu'il ne peut pas toujours fuir. Seule porte de sortie alors : faire face. Faire face au danger, c'est non seulement tenter de se retourner vers « l'agresseur » ou l'événement douloureux qui fait obstacle mais aussi tout mettre en œuvre pour le faire disparaître.

Seulement voilà, de par ses règles, de par son environnement, l'organisation de notre société ne permet que modérément la fuite et encore moins la disparition soudaine de ce qui peut générer des difficultés. C'est pourquoi le plus souvent, comme cet homme ou cette femme, nous ne connaissons pas d'autre solution que d'accepter « de prendre et d'encaisser les coups ».

Nous sommes le plus souvent comme des rats en cage

Pour Henri Laborit, nous sommes souvent comme ce rat enfermé dans une cage dont le plancher peut être électrifié. Parce que le rat ne peut pas fuir, il est donc soumis à la punition à laquelle il ne peut pas échapper. Cette punition provoque chez lui un comportement d'inhibition. Il apprend que toute action est inefficace, qu'il ne peut ni fuir, ni lutter… Il s'inhibe.

L'individu peut orienter son agressivité sur lui, il va somatiser

Cette inhibition qui s'accompagne chez l'homme de ce qu'on appelle l'angoisse s'accompagne aussi dans son organisme de perturbations biologiques extrêmement profondes. Si un microbe passe dans les environs, s'il en porte sur lui-même, alors que normalement il aurait pu les faire disparaître, là, ne le pouvant pas, il fera une infection. S'il a une cellule cancéreuse qu'il aurait détruite, il va faire une évolution cancéreuse. Ces troubles biologiques aboutissent aux maladies de civilisation ou maladies psychosomatiques : les ulcères de l'estomac, les hypertensions artérielles… ils aboutissent à l'insomnie, à la fatigue, au mal-être. Pour Henri Laborit, cette situation dans laquelle un individu peut se trouver inhibé dans son action, si elle se prolonge, commande à toute la pathologie. Les perturbations biologiques qui l'accompagnent vont déchaîner l'apparition de maladies infectieuses ou mentales. Et, quand son agressivité ne peut plus s'exprimer sur les autres, elle peut encore s'exprimer sur lui-même : il va somatiser, c'est-à-dire qu'il va diriger son agressivité sur son estomac, il va faire un trou, un ulcère d'estomac ; sur son cœur et ses vaisseaux, il va faire une hypertension artérielle. Quelquefois même, cela peut être plus grave encore. Des lésions aiguës peuvent apparaître qui aboutissent aux maladies cardiaques brutales : les infarctus, les hémorragies cérébrales ou les urticaires ou les crises d'asthme.

L'individu peut être plus « efficace » encore : il peut se suicider

S'il ne somatise pas, l'individu peut aussi orienter son agressivité sur lui-même de façon plus efficace encore, il peut se suicider. Dans *Antigone*, Sophocle a montré comment Hémon parce qu'il n'a pu tourner son agressivité vers son père va la tourner sur lui-même. « Et quand il sera trop tard, Créon retrouvera son fils gémissant sur sa fiancée descendue dans la mort. Sur les rigueurs paternelles, roulant des yeux de fou, le malheureux lui crachera au visage et dégainera sans lui répondre un mot. Son père, esquivant le coup, bondira de côté. Alors Hémon tournera sa fureur contre lui-même : allongeant le bras, il appuiera sur sa poitrine la pointe de son épée et l'enfoncera. »

Ce qui est possible pour un rat en cage ne l'est pas pour l'homme

Ce qui est facile pour un rat en cage l'est beaucoup moins pour un individu. En particulier, certains besoins ont été créés par cette vie en société et cela depuis son enfance. Et il est rare qu'il puisse pour assouvir ses besoins aboutir à la lutte lorsque la fuite n'est pas efficace. C'est ce que décrira avec beaucoup d'à-propos Henri Laborit dans *Mon Oncle d'Amérique*. « L'ouvrier qui voit tous les jours son chef de chantier dont la tête ne lui revient pas ne peut pas lui *casser la figure*, on lui enverrait les agents. Il ne peut pas fuir, il serait au chômage. Et tous les jours de la semaine, toutes les semaines du mois, tous les mois de l'année et toutes les années qui se succèdent, il est en inhibition de l'action. »

Lorsque nous ne pouvons plus être actifs, il ne nous reste plus qu'à nous couvrir des journaux du souvenir pour nous protéger du « froid » de l'iceberg de la névrose. Oui, lorsque nous ne pouvons plus être actifs, il ne nous reste plus qu'à fermer les yeux pour ne surtout rien voir de ce que nous avons appelé le « temps du reste de la vie ».

L'iceberg de la névrose

L'iceberg de la névrose n'est pas seulement rendu visible par les eaux froides qui l'entourent, les résistances ou son sillage, c'est-à-dire l'inhibition à l'action. Il est aussi visible par sa partie émergée : le mouvement névrotique, c'est-à-dire ce que les hommes et les femmes sont prêts à endurer. Quant à sa partie immergée, il nous faudra patienter un peu pour mieux la connaître. Ce n'est en effet qu'après avoir réfléchi à la fonction de la névrose dans l'économie psychique de la personne que nous verrons véritablement ce qu'elle raconte. Prolongement de cette première approche, nous examinerons alors les fondements et surtout nous pisterons les éléments dont nous avons fait l'hypothèse qu'ils organisent le nœud de la constitution névrotique.

La partie émergée de l'iceberg de la névrose : la souffrance

Oui, et c'est incontestable, la partie émergée de l'iceberg de la névrose donne à voir de la souffrance. Et, comme nous cotisons tous aux plaisirs à bon marché, comme nous développons tous des résistances pour fabriquer de l'inhibition à l'action, nous sommes tous névrosés. « Se peut-il que nous soyons à ce point semblables ? » écrira Dostoïevski dans *L'Adolescent.* Autrement exprimé, nous sommes tous embarqués ou porteurs de notre propre iceberg.

> J'admets que « deux fois deux : quatre » est une chose excellente mais, s'il faut tout loucr, jc vous dirai quc « dcux fois dcux : cinq » est aussi une petite chose bien charmante. (*Le Sous-sol*)

Qu'est-ce que la névrose ?

La névrose, c'est exactement cela ! Deux et deux font quatre. Nous le savons, et c'est cela justement qui nous est insupportable. Cela nous est insupportable parce que nous ne pouvons pas faire autrement que de l'accepter. Dans *Le Double*, le conflit intérieur qui « dédouble » Goliadkine est, pour Dostoïevski, celui de tout homme qui se croit et se veut « raisonnable » et sensé : entre ce qu'il est et ce qu'il croit être, ce qu'il croit être et ce qu'il voudrait être. C'est aussi cela la névrose, « quelque chose qui nous en fait voir de toutes les couleurs… »

Les névroses, il en existe de toutes formes et de toutes sortes. Malgré cela, et sans nécessairement procéder à la « hussarde », nous pouvons en isoler certaines caractéristiques. Ces caractéristiques, communes à l'ensemble des névroses, sont pour leur principal : l'incapacité à identifier son désir véritable, les indices dépressifs, une certaine forme de compulsion à la répétition et la difficulté à tenir un cap.

Si ces caractéristiques peuvent être étudiées isolément – ce que nous ferons d'ailleurs aux fins de faciliter leur appréhension – c'est lorsqu'elles sont prises dans leur ensemble qu'elles donnent à voir tout leur sens. Ainsi, ce n'est pas parce qu'il a un *moi* plus ou moins *tordu* que l'individu névrosé se retrouve dans la position critique qui est la sienne. Il est dans cette position critique en raison d'une impossibilité d'identifier son désir véritable avec la demande de ses parents. Cette incapacité à identifier son désir véritable est visible dans son incapacité à choisir. « Pas plus qu'Aliocha, Aglaia n'aurait pu dire ce qu'elle voulait » écrira Dostoïevski dans *L'Idiot.* Comme un enfant peut convoiter deux objets à la fois et dont il sait qu'un seul lui est promis, la plupart des romans de Dostoïevski racontent aussi cela… des personnages qui, parce qu'ils sont pris entre plusieurs désirs, ne peuvent se résoudre à choisir et se retrouvent perdus dans la tempête de situations toujours répétées.

> Et puis il y aurait beaucoup à dire encore. Ainsi de ceux qui n'aiment personne. Ainsi de ceux qui aiment tout le monde (*L'Adolescent*).

> Oh ! j'ai pleuré devant elle tout mon malheur, je lui ai tout dit. Je lui ai dit franchement que j'aimais beaucoup Katia, mais que, quel que fût mon amour, je ne pouvais pas vivre sans elle, Natacha, et que j'en mourrais. Oui Vania, je ne pourrais pas vivre un jour sans elle, je le sens ! Aussi avons-nous décidé, Katia et moi, de nous marier sans tarder. (*Humiliés et offensés*)

Les indices dépressifs, le sentiment d'abandon et la fatigue

Autre versant de l'incapacité à identifier notre désir véritable : les indices dépressifs dont la névrose est coutumière.

> À ces minutes-là, Ivan Ilyitch tombait dans une sorte d'état de dépression. Il qualifiait alors sa vie *d'existence manquée* et cessait de croire à ses capacités. (*Une Sale histoire*)

Le sentiment d'être abandonné de ses forces au moment de s'atteler à un travail est aussi la marque d'un indice dépressif et donc névrotique. Qui n'en a jamais fait l'expérience ? Oui, qui n'a jamais remarqué, comme nous trouvons le plus souvent les ressources nécessaires pour nous acquitter d'un travail exigé par un tiers, que ce n'est plus du tout la même chose lorsqu'il s'agit de travailler sans autres exigences que les siennes propres ? Est-ce que tout ne se passe pas alors comme si – dès qu'il s'agissait de travailler « en plus », c'est-à-dire « pour soi », c'est-à-dire à quelque chose qui pourtant nous tient à cœur – nous nous sentions soudainement abandonnés de toutes nos forces ?

> Se peut-il donc que lorsqu'un homme est tout à son devoir, comme par un fait exprès, il manque de capacité et de fermeté pour l'accomplir ? (*Humiliés et offensés*)

Oui, en ces moments-là, nous pouvons nous sentir tellement épuisés que nous pouvons avoir l'impression que le premier enfant venu pourrait nous terrasser.

> Dmitri commençait à avoir la migraine : « Faut-il tout abandonner, m'en retourner ? » songeait-il. Cependant son mal de tête augmentait. Il resta immobile et s'assoupit insensiblement puis s'endormit assis. Au bout de deux heures, il fut réveillé par une douleur intolérable à la tête, ses tempes battaient. Il fut longtemps à revenir à lui. (*Les Frères Karamazov*)

Dans leur acmé, les indices dépressifs peuvent aller jusqu'à la peur d'affronter la vie. Pour Annenski, dans sa *Lecture de Monsieur Prokhartchine*, jamais peut-être la peur de la vie n'a été symbolisée de façon aussi efficace qu'avec Monsieur Prokhartchine qui, au sens littéral, est mort de peur devant la vie. Prokhartchine ne sait pas parler… Les mots sont extirpés par un mécanisme très douloureux : ils se propulsent, se heurtent, ne retombent pas à leur place et se perdent dans une bousculade abracadabrante – alors qu'ils ne sont en fait pas si nombreux que cela. Et comme il n'arrive à parler que sous le coup d'une émotion intense, son monologue parfois interrompu par un interlocuteur n'est composé que d'interjections ou plutôt de mots devenus interjections sous la pression des sentiments qui gouvernent leur déversement. « Prince, bouffon, chien, semelle, rouleur de foire, gamin, champion… » – tel est l'essentiel du vocabulaire de Prokhartchine. Et pour que ces interjections, épithètes et autres adresses du même ordre ressemblent un tant soit peu à un discours cohérent, il les assemble et les clôt à l'aide de formules telles que : « T'entends… Tu vois l'histoire… Monsieur… Serviteur… Et vlan… etc. »

Les accès maniaques, autre signature de la névrose

Les accès dépressifs ne sont pas la seule signature de la névrose. Tout autant comptent les accès maniaques. Pour Goethe : « Il se peut que nous passions notre vie à jeter au ciel des cris de joie puis à nous affliger jusqu'à la mort. »

> Il advenait à Ordynov, en des minutes de tristesse, de se comparer lui-même à ce présomptueux apprenti sorcier qui, ayant dérobé le mot de son maître, commandait au balai magique de faire venir de l'eau et y pataugeait pour avoir oublié comment dire : « Assez ! » Peut-être avait-il en lui de quoi réaliser quelque grande idée authentiquement originale ; peut-être le destin lui réservait-il d'être un artiste dans le savoir ; du moins était-ce là la foi qu'il avait autrefois nourrie. Et une foi sincère est déjà un gage pour l'avenir. Mais maintenant, il lui arrivait de se rire lui-même de ses aveugles certitudes – et il n'avançait plus. Six mois auparavant, il avait conçu, construit et jeté sur le papier l'esquisse déjà fermement bâtie d'une œuvre sur laquelle sa jeunesse lui faisait fonder dans ses moments de loisir les plus concrètes espérances. C'était un travail relatif à l'histoire de l'Église, et la plus chaude, la plus fervente conviction s'y épanchait sous sa plume. Maintenant il relut ce plan, le refit, y réfléchit, fit des recherches et finalement renia son idée sans rien reconstruire sur les ruines. (*L'Hôtesse*)

Enfin, et comme nous en avons parlé précédemment, nous pouvons mentionner la difficulté à tenir un cap.

> On n'ignore pas qu'un homme égaré dans un quartier inconnu, surtout la nuit, n'est jamais capable de suivre tout droit une rue ; quelque chose de plus fort que lui le pousse à changer inévitablement de direction à chaque rue ou ruelle qui se trouve sur son chemin. Fidèle à ce système Paul Alexandrovitch acheva de perdre toute orientation. (*Le Rêve de l'Oncle*)

La multiplication, la dispersion, le manque de concentration forment autant d'entraves à la capacité de mener à bien un projet.

> Le fait est que Lébédev se démenait depuis un certain temps. Cet homme tirait toujours des plans sous le coup d'une inspiration, mais, dans son ardeur à les exécuter, il dispersait ses efforts en tous sens et s'éloignait du but qu'il s'était d'abord assigné. Aussi, n'avait-il guère réussi dans la vie. (*L'Idiot*)

À quoi sert la névrose dans l'économie psychique de l'homme ?

« La névrose, cela sert à dire ! » Et plus exactement, à dire : *Je suis malheureux, aidez-moi*. Ce que le névrosé fait voir et avoue n'est donc qu'un symptôme. Mais les symptômes dans la vie psychique ne montrent jamais nettement la maladie. Au contraire, ils la dissimulent. Aussi les névroses en elles-mêmes ne recouvrent-elles guère de signification. En revanche elles ont toutes une expression particulière. Ce qui le trouble vraiment, le névrosé ne le sait pas. Du moins, ne veut-il pas le savoir. Et s'il le sait, ce n'est pas consciemment. Et parce que depuis des années son conflit intérieur se manifeste dans tellement de symptômes et d'actes forcés, il n'est pas faux de dire que finalement il arrive à ne plus savoir en quoi il « consiste ». La névrose ne montre ainsi jamais autant que ce que nous voulons cacher.

> Supposons par exemple qu'il mente, je veux parler de cet homme, *de notre cas particulier*, incognito, et qu'il mente supérieurement ; il n'attend donc plus que son triomphe et croit n'avoir qu'à cueillir les fruits de son adresse quand, tout à coup, crac ! il s'évanouit à l'endroit le plus compromettant pour lui. Mettons qu'il explique cette syncope par la maladie ou l'atmosphère étouffante, ce qui est assez fréquent dans les

> pièces… et cependant… il n'en fait pas moins naître des soupçons… Son mensonge a été incomparable mais il n'a pas su tenir compte de la nature. Voilà où est le piège ! (*Crime et Châtiment*)

Dans la névrose, dans ce qui fait point de rupture, l'individu ne sait pas ce qui « le travaille ». Il ne sait pas davantage pourquoi il est angoissé. Ce qu'il sait, en revanche, ce dont il est sûr même, c'est qu'il n'est pas bien dans sa *peau.* Seulement voilà, ne sachant pas pourquoi, il est malheureux.

La partie immergée de l'iceberg : un désir non satisfait et refoulé

Pour sonder la partie immergée de l'iceberg de la névrose, nous pouvons, comme Freud et Breuer, partir de l'hystérie. Les auteurs alors, avaient trouvé une formule révélatrice : « Les névroses et la plupart des troubles psychiques naissent d'un désir non satisfait, entravé et refoulé dans l'inconscient. » C'était là une piste prometteuse. Si Breuer a semble-t-il baissé les bras, Freud, lui, a relevé le défi. Il s'est donc interrogé et a tenté de comprendre ce qu'est ce « fameux » désir que refoule l'homme civilisé, qu'il cache au monde et souvent à lui-même comme le plus intime et le plus gênant.

Freud n'a pas beaucoup tardé à donner une réponse qu'il est impossible de ne pas entendre. Parce que la première cure psychanalytique d'un névrosé a montré des forces érotiques refoulées, la deuxième de même et la troisième également, Freud a compris que toujours, ou presque toujours, la cause de la névrose a à voir avec un désir sexuel qui ne peut s'accomplir et qui, transformé en rétentions et inhibitions, pèse sur la vie psychique.

Il est intéressant de noter qu'ici encore – nous l'avons en effet déjà soulignée – la force de création de Freud a été d'oser pousser des idées qui existaient avant lui. Ainsi, quand Chobrak lui a envoyé une hystérique dont il devait traiter les nerfs, ne l'informait-il pas discrètement que cette femme, mariée à homme impuissant, était restée vierge après dix-huit ans de mariage ? Ne lui donnait-il pas alors, en plaisantant brutalement, son opinion personnelle sur le moyen physiologique et voulu par Dieu qui guérirait plus facilement cette névrosée ?

Le nœud constitutif de la névrose

Pour reboucler sur la partie immergée de l'iceberg, nous pouvons dire deux choses. D'une part, le nœud constitutif de la névrose a à voir dans les obstacles extérieurs et intérieurs qui entravent la satisfaction réelle des besoins érotiques. D'autre part, c'est ce premier « fameux » désir érotique non satisfait qui, chez l'individu devenu adulte, embolise le processus d'identification de son désir véritable et donc la compréhension de ce qu'il a véritablement envie de faire de sa vie.

L'Adolescent

Il y a toujours trop de père ou pas assez

Parce que, dans la plupart des familles, la plupart des enfants sont investis par un désir des parents souvent dévastateur, ils sont dans l'incapacité d'identifier librement leur désir. « Oui, tout doit passer après la volonté d'un père, fera dire Sophocle à Créon lorsque celui-ci s'adressera à son fils Hémon dans *Antigone*. Les hommes souhaitent voir grandir dans leur maison des enfants soumis qui embrassent leurs querelles et leurs amitiés. »

Les parents projettent toujours leurs désirs sur leurs enfants

Tout se passe comme si la place du désir était déjà nourrie des ambitions que projettent les parents pour leur enfant. Il n'existe alors que deux possibilités. Les parents peuvent exprimer ce désir pour leur enfant : « Mon fils, tu seras champion de tennis. » Les parents peuvent dénier ce désir : « Ma fille, ce qui compte, c'est que tu sois heureuse »... Dans ce deuxième cas affleurent souvent les : « Passe ton bac d'abord » et les : « Moi, à ton âge... » bref, toutes ces choses tellement raisonnables qu'elles en deviennent très rapidement insupportables.

> Combien de fois Tatiana Pavlovna, pressée à peu près chaque jour d'entrer absolument et au plus tôt à l'Université, n'a-t-elle pas entendu : « Ensuite, quand tu auras terminé tes études, tu verras ce que tu as à faire. Pour le moment, termine tes études » ? [...] « Son idée de vous faire entrer à l'Université sera sans doute pour vous éminemment bienfaisante. Sans nul doute, la science et la vie élargiront encore, en trois ou quatre ans, l'horizon de votre pensée et de vos aspirations. Et si, après l'Université, vous voulez encore revenir à votre « idée », rien ne vous en empêchera ». (*L'Adolescent*)

Oui, grâce au langage, pour le meilleur ou pour le pire, les parents ont pu transmettre de génération en génération l'expérience de la « sagesse » accumulée au cours des millénaires. Comme Bixiou répond à Dubourdieu, dans *Les Comédiens sans le savoir*, qui lui exprime sa crainte à voir ses amis aller trop loin dans leurs articles : « Bah ! ils n'iront pas si loin que l'avenir », pour Balzac, l'avenir est hypothéqué par l'opinion des parents qui, si elle ne délivre pas le talent, le gâte toujours.

> Tous les pères ressemblent à Versilov lorsqu'il s'écrie à son fils Dolgorouski : « Mais ne m'embrasseras-tu donc jamais de tout ton cœur, en enfant, comme un fils embrasse son père ? » (*L'Adolescent*)

Tous les parents nourrissent des ambitions pour leurs enfants

Oui, c'est ainsi ! Tous les parents nourrissent des ambitions pour leurs enfants. Or, parce que ces ambitions sont le plus souvent déçues, elles coûtent extrêmement chères. Elles coûtent extrêmement chères parce qu'elles organisent un sentiment de culpabilité : celui de n'avoir pas répondu aux désirs des parents. Les injonctions contradictoires ou double entrave [*double bind*] sont un bon exemple pour raconter comment se structure la culpabilité. Ainsi, quelle mère n'a pas dit un jour à son fils alors adolescent : « Bien sûr que tu peux sortir ce soir… » pour ajouter aussitôt « … et me laisser seule » ? Quelle mère encore n'a jamais pensé comme Jocaste – la mère d'Œdipe – avant de quitter définitivement la scène, donner à son enfant ce dernier conseil : « Malheureux, puisses-tu ne jamais savoir qui tu es » ? Et quel père n'a pas souhaité apprendre à son enfant à dire dès son plus jeune âge : « Pardonnez-moi père, je ne le ferai plus » ? Quel parent enfin n'a pas dit un jour pour encourager son enfant à travailler davantage : « Tu sais ce qui me ferait plaisir… » ?

> Mon père est aveuglé parce qu'il désire les millions de Katia et que tu ne les as pas. Mais il ne les désire que pour moi, et c'est uniquement par ignorance qu'il est injuste envers toi. Aussi, quel père ne désire-t-il pas le bonheur de son fils ! Ce n'est tout de même pas de sa faute s'il est habitué à estimer le bonheur en millions. (*Humiliés et offensés*)

Être « parent » est un métier impossible, on est sûr d'échouer

Le problème avec les parents, c'est qu'ils sont tous ainsi. Rien ne ressemble en effet autant à un « Padre » qu'un autre « Padre ». Et pourtant, si nous prenons Christophe Colomb (qui était originaire de Gênes – c'est pourquoi nous parlons de « Padre »), force est de constater qu'il a toujours été unique alors qu'il existe des millions de « Padre ». Aussi, des millions de « Padre », durant une infinité de siècles, ont pu répéter ces deux mots étonnants en lesquels consiste tout le secret et, cependant, Colomb reste unique. Ce n'est donc pas tout à fait cela et les « Padre » ne répètent pas tout à fait la pensée qu'il faudrait.

> Ce seul mot de « Padre », le seul fait qu'on a de la famille, qu'on vit comme tout le monde, qu'on a les mêmes dépenses que les autres, les mêmes obligations, c'est tout cela qui empêche de devenir Colomb. (*L'Adolescent*)

Pour comprendre pourquoi Colomb est unique, nous pouvons, comme nous l'avons souvent fait, aller voir du côté de chez Freud. « Qu'y a-t-il de commun aux *métiers* de *psychanalyste*, de *gouverneur* et *de parents* ? » demandait-il en son temps. Qu'y a-t-il de commun dans la mise en œuvre de leurs actes ? Sa réponse : « C'est qu'ils sont trois métiers impossibles car ils mettent le *pouvoir* à l'épreuve du désir de l'autre : désir de l'analysé, désir du gouverné, désir enfin de l'éduqué. » Or ici, justement, « Padre » ou pas, « nous ne savons jamais. »

Mais, là où les choses sont plus complexes encore, c'est que le « Padre » qu'il soit brillant ou pas, cela ne change rien, qu'il soit colonel ou adjudant, maître ou personne de service, qu'il soit proche de Popinot (personnage de *L'Interdiction* de Balzac), Saint homme et très bon juge, ou de Louis XVIII, excellent Roi, redoutablement habile pourtant, cela ne change toujours rien… Et plus même, qu'il soit présent ou non, cela ne change encore rien… Qu'enfin, que nous ayons « une profonde reconnaissance pour les gâteries – les livres de noisettes » ou que nous ayons toujours été « nu-pieds dans l'arrière-cour, la culotte retenue par un seul bouton », cela non plus ne change rien.

La seule chose dont nous soyons sûrs, c'est qu'il y a toujours trop de père… ou pas assez (c'est-à-dire toujours trop de parents ou pas assez). Dire qu'il y a toujours trop de père, ou pas assez, c'est très important car cela signifie que c'est là un métier impossible. C'est un métier impossible parce que nous ne faisons jamais « bien ». Aussi, sommes-nous sûrs d'échouer. « Il y a quelque chose de pourri dans le royaume de Danemark » fera dire Shakespeare à Marcellus dans *Hamlet*.

Alors oui, il y a toujours trop de père ou pas assez. Et parce que c'est ainsi, le risque est grand de voir les enfants, une fois devenus adultes , cotiser à ce que nous appellerons, ci-après le *syndrome de Wilson*.

Le Double

Le syndrome de Wilson

Pour comprendre ce qu'est le syndrome de Wilson, nous allons questionner qui était le président Wilson. Puis, ayant isolé ses principaux symptômes, nous travaillerons à la définition d'un tableau clinique dont nous attendons qu'il rende compte avec suffisamment de justesse des dégâts que peut occasionner l'investissement par l'enfant du désir du père.

Présentation du Président Wilson

Avocat en 1882, puis professeur d'économie politique en 1888, avant de devenir président de l'Université de Princeton en 1902, Thomas Woodrow Wilson a commencé sa carrière politique comme gouverneur démocrate du New-Jersey en 1911. Durant son mandat, il a conduit un certain nombre de réformes. Ces réformes lui ont donné une certaine popularité et cette popularité lui a permis d'être désigné comme candidat démocrate à la présidence et élu contre Theodore Roosevelt en 1913 avant d'être réélu en 1916. Wilson a été président des États Unis jusqu'en 1921. C'est à ce titre qu'il a participé aux négociations de la conférence de la paix en 1919. Wilson est mort en 1924.

Enfance de Thomas Woodrow Wilson

Pour éclairer cette carrière professionnelle, il faut connaître l'enfance de Wilson et tout particulièrement la relation qui l'a uni à son père. Wilson est né le 28 décembre 1856 de parents émigrés presbytériens de l'Ulster. Son père prêchait en chaire et faisait continuellement des sermons à sa famille comme à ses amis et connaissances. Au cours de ces sermons, au-delà des messages et de leur contenu, il apparaissait clairement qu'il adorait s'écouter parler. Deux passions dominèrent sa vie, les mots et son fils.

Sur sa mère, il y a peu à dire. Hormis peut-être que celle-ci apparaîtra toujours sans grande consistance comparée à son père. Plus intéressantes sont les relations qu'entretenait Wilson avec son père. Celles-ci ont toujours été très fusionnelles. Ils s'aimaient jusqu'à l'adoration. Ils s'appelaient *mon trésor, mon père bien-aimé, mon garçon chéri, mon incomparable père* et s'embrassaient avec émotion lorsqu'ils se retrouvaient.

Le père était le grand homme de la haute bourgeoisie presbytérienne. C'était le chef des élus de Dieu, l'interprète de Dieu sur terre. Le père était le chef incontesté de la famille, sa femme – dont nous avons vu qu'elle était bien terne – n'existait que pour satisfaire ses désirs. Le père de Wilson fut très vite persuadé que son fils serait un grand homme (on retrouve là le désir du père pour le fils). Il ne dissimula d'ailleurs cette conviction ni à son fils ni à quiconque. Cela présentait au moins l'avantage d'être clair ! Aussi, qu'il s'agisse de la religion, de son destin ou encore des idées qu'il défendait, Wilson ne doutera jamais. Douter aurait signifié douter de son père. Impossible donc !

Tableau clinique de Thomas Woodrow Wilson

Pour Gérard Miller, Wilson se sentit en communication directe avec Dieu la plus grande partie de sa vie, comme « guidé par une puissance douée d'intelligence qui se trouvait en dehors de lui. » Et de fait, lorsqu'il prenait la parole, il avait l'air possédé. Plus d'une fois il s'identifia au Christ et parla même « carrément » *à sa place.*

Pour Freud, Wilson était un névrosé qui s'embarqua vers l'Ecosse le 20 juin 1908 pour soigner ses nerfs, ses maux d'estomac, sa tête douloureuse et les élancements de ses membres et qui, après avoir regagné les États-Unis pour s'y faire élire président, retraversa l'Atlantique dix ans plus tard acclamé comme le sauveur du monde. Oui, très certainement, Wilson était un névrosé qui s'approcha dangereusement de cette terre psychique d'où peu de voyageurs reviennent, celle où les faits résultent des désirs, où les amis se transforment en traîtres et où une chaise d'asile peut devenir le trône de Dieu.

Comment se structurent de telles personnalités ?

Alors, comment comprendre les soubassements de telles personnalités ? Indiscutablement, ces soubassements sont à rechercher dans leur *surmoi*. Ces personnalités ont en effet un *surmoi* qui véhicule des idéaux si grandioses qu'il exige l'impossible du *moi*. Si un *surmoi* de ce genre produit quelques grands hommes, le plus souvent cela donne des névrosés quand ce ne sont pas des psychotiques. La manière dont se développe un tel *surmoi* est facile à repérer si l'on considère que tout enfant a une idée exagérée de la grandeur et de la puissance de son père. Dans bien des cas, cette exagération est si excessive que le père auquel s'identifie le petit garçon et dont l'image devient son *surmoi* équivaut au père tout-puissant. Or, un père tout-puissant ne peut être que Dieu. Voilà pourquoi un tel *surmoi* exige continuellement l'impossible du *moi*. Quoi que le *moi* puisse réussir dans la vie, le *surmoi* n'est jamais satisfait. Tout se passe comme s'il disait sans cesse : « Tu dois faire mieux. »

L'identification du père à Dieu puis du fils à Dieu est un fait ordinaire, sinon commun de la vie psychique. Quand le fils s'identifie à son père, qu'il identifie son père à Dieu et qu'il érige ce père en *surmoi*, il sent que Dieu est en lui et qu'il est devenu Dieu. Tout ce qu'il fait doit donc être parfait puisque c'est Dieu lui-même qui le fait. Pour Freud, la quantité de libido qui charge cette identification à Dieu devient si grande chez certains êtres humains qu'ils perdent la faculté de reconnaître l'existence des faits qui leur sont contraires dans l'univers réel. Ils finissent dans des institutions psychiatriques. Mais l'homme dont le *surmoi* est fondé sur cette supposition et qui garde un respect absolu des faits et de la réalité peut, s'il en a la possibilité, accomplir de grandes choses. Son *surmoi* alors exige beaucoup et obtient beaucoup.

Nous voyons bien que toute sa vie, le seul vrai combat de Wilson a été de devenir digne du regard de son père et répondre ainsi à son désir : devenir à son tour un grand homme. Combat sans fin dont nous savons désormais qu'il peut mener aux portes de la folie.

Nous cotisons tous à ce syndrome… Dostoïevski le premier

Ce qui est intéressant, c'est que là encore tous nous cotisons au moins un peu à ce syndrome. Et Dostoïevski le premier ! Ainsi, si nous pouvons nous demander, dans *L'Idiot*, pourquoi le romancier a représenté les plus grandes perfections en l'homme le plus humilié dans son corps, nous ne pouvons trouver d'explication cohérente que dans une imitation de la « kénôse » du Christ. Et pourtant, dans le livre, le Christ est à peine nommé. Cela ne change pourtant rien au fond car si Dostoïevski ne nomme pas le Christ, il n'en recherche pas moins et sans cesse la beauté morale qui doit sauver le monde. Au fil de ses œuvres, ce sera dans le juste Makar, l'errant populaire de *l'Adolescent* ; dans l'évêque Tykhon des « brouillons » des *Démons* ; dans l'Aliocha de *Crime et Châtiment* et dans l'Aliocha encore et le starets Zosime des *Frères Karamazov*.

Oui, très certainement, il y a chez Dostoïevski une recherche permanente de l'être parfait qui ne cache en réalité que la recherche du Christ et donc, très certainement, du père. Et c'est là qu'il échoue justement, parce qu'il ne peut qu'échouer. « Cette idée de peindre un homme absolument parfait – le Prince Mychkine – je crois qu'il n'y a rien de plus difficile, surtout à notre époque… Le roman s'appelle *L'Idiot* » écrira Dostoïevski dans ses *Correspondances*. Quelques années plus tard, *Les Frères Karamazov* est l'occasion pour lui de s'interroger sur le rôle de la prière, de l'amour, du contact avec les autres mondes. « Des maîtres et des serviteurs peuvent-ils devenir mutuellement des frères en esprit ? Quel est le rôle de l'Écriture Sainte dans la vie du starets Zosime ? Quelles sont les fonctions de l'enfer et du feu éternel ? » *Les Frères Karamazov* est également l'occasion de développer une considération mystique : « Peut-on être le juge de ses semblables ? » ou encore : « De l'utilité de la foi jusqu'au bout ? »

Qu'est-ce que tout cela veut dire ?

Tout cela veut dire au moins une chose : les résistances à l'identification de son désir véritable et donc au changement individuel ont à voir avec le père. C'est là un point important qui laisse entrevoir toute la difficulté qu'il va y avoir pour réussir à combattre ces résistances. En effet, nous voyons déjà que pour réussir à identifier son désir et comprendre ce que nous voulons faire de notre vie, il va nous falloir aller contre des choses qui ont été stratifiées au fil du temps, voire sur des dizaines d'années (c'est le cas lorsque la digue ne commence à se fissurer, pour brusquement céder, qu'au moment de « la crise de la quarantaine »). Et aller contre, cela va nous obliger à accepter le combat avec le père. Dès lors, c'est tout l'emballement – abîme et vertige confondus – du parricide symbolique qui se fait jour.

Mais avant de nous « arc-bouter » – car n'en doutons pas, cela va être un « combat physique » – à démonter ce mécanisme et montrer en quoi c'est bien au niveau du parricide symbolique que tout se joue, il nous faut comprendre les conséquences de ces résistances sur l'organisation psychique de la personne. Ces fameuses résistances, dont nous savons désormais, parce qu'elles organisent de l'inhibition à l'action, qu'elles sont des symptômes de la névrose.

> Tous tellement habitués à ses interminables « dernières décisions » et ensuite à leur lâche abandon ! (*L'Adolescent*)

Oui, indiscutablement, celui ou celle qui se trouve dans l'incapacité d'identifier son désir véritable, c'est-à-dire – mais ne le répéterons-nous jamais assez – dans l'incapacité d'identifier ce qu'il ou ce qu'elle a envie de faire de sa vie, est une personne dont le moins que nous puissions dire est qu'elle est « bien » névrosée.

JOURNAL DE L'ÉCRIVAIN II

Le Joueur

Quel est mon désir ?

Identifier son désir, c'est répondre aux questions que poseront Deleuze et Guattari dans *L'Anti-Œdipe* : « Quelles sont tes machines désirantes ? Comment marchent-elles, avec quels emballements, quels ratés constitutifs, avec quels flux, quelles chaînes, quels devenirs ? Qu'est-ce que tu fais entrer et sortir dans tes machines ? »

> Ô mon Dieu ! Une minute entière de félicité ! Mais n'est-ce pas assez pour toute une vie d'homme ?... (*Les Nuits blanches*)

Qu'est-ce que la vie vivante ?

Avoir conscience que la vie peut être vivante, c'est avoir conscience, avant même d'identifier son désir véritable, que la vie cela peut valoir « le coup d'être vécue ». Dans une lettre à son frère écrite à son retour de « l'exécution », Dostoïevski expliquera : « La vie est partout. Oui, partout est la vie... À mes côtés, il y aura des hommes : être homme parmi les hommes... Voilà où est la vie... Je garderai purs mon esprit et mon cœur... Oui, je renaîtrai meilleur. »

Cette idée de « vie vivante », si elle ne remonte pas à la nuit des temps, peut être repérée chez de nombreux auteurs parmi lesquels Schelling et, de façon générale, chez beaucoup de slavophiles. Mais si Dostoïevski a peut-être appris d'Apollon Grigoriev à la mettre en valeur, soyons-en assurés, elle faisait déjà partie de sa nature. Ainsi en 1874 dans ses *Chroniques de Pétersbourg*, il blâmait les « rêveurs » qui fuient la réalité : « Peu à peu s'émousse chez eux le talent de la vie réelle... »

Ce qui remplit une vie ne fait pas une vie

Oui, très certainement, si vivre une vie, ce peut être beaucoup de choses, ce n'est sûrement pas traverser un champ et encore moins un long « fleuve tranquille ». « Sans thé, bien sûr, on ne meurt pas de faim... » avait écrit le père de Dostoïevski à son fils... Alors, évidemment, ce n'est pas tendre la vie. Et qu'importe d'ailleurs si pour Lacan c'est même là que nous risquons de prendre des coups : « L'imaginaire est un lieu très confortable, c'est dans la réalité qu'on se casse la figure. » Dans une lettre envoyée à son frère à son retour du bagne, Dostoïevski écrira : « Frère, sur cette terre, il y a beaucoup et beaucoup de braves gens... Même au bagne... j'ai distingué des hommes... Quelle joie de découvrir l'or sous la grossière écorce ! Et non pas un ni deux mais un bon nombre... J'ai vécu de leur vie... Combien d'histoires... de toute cette vie de traîne-misère de notre peuple commun ! Il y aurait de quoi remplir des volumes. Quel peuple admirable ! Je n'ai pas perdu mon temps... J'ai connu le peuple russe. »

A contrario, l'imaginaire donc est un lieu très confortable. Seulement voilà, et ne nous y trompons pas, il peut tout autant organiser de la folie. Car après tout, que fait le fou, si ce n'est qu'il se construit un autre monde parce que le monde dans lequel il vit lui est insupportable. *Crime et Châtiment* ne raconte que cela. Dès les premières pages de l'ouvrage, nous sommes confrontés à cette idée primitive de l'homme fort qui tue parce qu'il en a selon lui le droit. Raskolnikov, un étudiant exclu de l'Université et pauvre décide de supprimer une vieille usurière : elle ne fait que du mal, tandis que lui aura enfin de quoi aider sa mère, arracher sa sœur aux griffes d'un patron vicieux, achever ses études. N'a-t-il pas raison ? Pour les idées du jour, il n'y a pas là de crime. Cependant, la loi de la conscience l'emporte : un mystérieux travail s'accomplit en lui qui l'oblige à se dénoncer pour rentrer dans la société des hommes. En acceptant de se soumettre aux règles de vie de la communauté, Raskolnikov fait le choix de la vie vivante.

Il ne faut pas craindre son désir

Comme nous pouvons avoir du goût pour le chocolat ou pour la soupe aux choux, tous les désirs, dès lors qu'ils sont véritables, sont respectables. Une restriction cependant, que ceux-ci ne soient pas répréhensibles. Autrement dit, il n'est jamais trop tard pour bien faire, ou pour se demander, comme le fera Lacan : « Jusqu'où peut-on aller sans être une canaille ? »

En effet, ce n'est pas parce que notre désir pourrait s'en accommoder le mieux du monde que nous devons nous autoriser à faire tout et bien souvent alors n'importe quoi.

> Je suis là, j'écoute sans mot dire et admire la diversité et la fantaisie des désirs humains. Cet homme par exemple, pensais-je à part moi, il devrait se contenter d'amasser de l'argent tranquillement : eh bien non, il lui faut encore de la gloire, la gloire littéraire, la réputation d'un bon littéraire, d'un bon critique ! (*Humiliés et offensés*)

Tout autant, notre désir véritable peut nous surprendre. Qui n'a jamais entendu un homme ou une femme s'interroger sur le cours pour le moins curieux et même « bizarre » qu'avait pu prendre sa vie. Tous, nous les avons entendus les : « Jamais je n'aurais pensé qu'un jour… », « La vie est bien faite… » ou encore : « C'est incroyable le destin… » Oui, le difficile, c'est aussi de savoir accueillir ce désir. Et ce d'autant plus que ce désir peut se trouver à mille lieues de ce pour quoi nous avions toujours pensé être faits.

À quoi pouvons-nous savoir que c'est vraiment cela notre désir ?

À quoi je saurai que c'est vraiment de mon désir qu'il s'agit ? À quoi je saurai que c'est vraiment cela que j'ai envie de faire de ma vie ? Je le saurai dans la valeur d'échange que je lui prête… Et nous voyons immédiatement que par définition cette valeur d'échange n'a pas de prix. Une illustration nous est donnée par *Le Cercle des Poètes disparus*. Nous y avions déjà rencontré Neil, nous le retrouvons maintenant avec un de ses camarades, Dalton.

« J'ai trouvé ce que je veux faire. Maintenant je sais tout ce qui me brûle tout au fond de moi.
— Le « Songe d'une nuit d'été », c'est ça ? Mais qu'est-ce que c'est ?
— C'est une pièce imbécile.
— Ça je le sais, mais… qu'est-ce que ça à voir avec toi ?
— On monte cette pièce à Henley Hall. On passe des auditions. Oui, pour des rôles.
— Oui, et alors ?
— Alors ? Je veux être acteur… Oui… Oui, j'aime tellement le théâtre… Déjà, tout petit, j'ai voulu essayer, j'ai voulu auditionner pour un truc

d'amateur l'an dernier mais bien sûr mon père m'en a empêché. Mais là, pour la première fois enfin, j'ai eu la révélation et cette fois, crois-moi, je vais foncer et tant pis pour mon père. »

Avoir la chance de tomber dans « la potion magique du désir »

Si, pour identifier leur désir, certaines personnes doivent remuer des tonnes de terre, de boue et de scories, d'autres plus chanceuses nous donnent la « désagréable impression » (mais c'est parce que nous sommes jaloux) d'être tombées dedans.

> Comme chaque herbe, comme chaque insecte, comme la fourmi ou l'abeille dorée, elles semblent connaître leur voie d'une façon étonnante, comme ça, par instinct. (*Les Frères Karamazov*)

Encore devons-nous être suffisamment attentifs et comprendre ce qui se joue alors. Oui, il ne suffit pas de tomber dans la potion du désir, encore faut-il l'identifier clairement si nous voulons avoir une chance de dénouer, au-delà de tous ces rêves qui nous traversent, celui qu'il faut poursuivre. Comme le fil d'Ariane, c'est lui qui va nous mener à notre désir véritable et à la compréhension la plus fine de ce que nous avons envie de faire de notre vie.

> Tout comme le *Curieux* de la fable de Krylov, n'ayant des yeux que pour les insectes sociaux venus de France, Biélinsky n'a pas remarqué l'éléphant qui se trouvait dans le musée. Aussi, n'est-il pas allé plus loin. (*Les Démons*)

Encore faut-il, par exemple, ne pas tergiverser et s'entêter à toujours revenir à ce que nous croyions être notre désir.

> Ces hésitations s'emparent toujours de l'esprit d'un homme qui veut absolument retrouver quelque chose… lorsque l'objet perdu est important ou que sa disparition lui cause du chagrin. Il voit bien qu'il n'y a rien à la place où il cherche et cependant, c'est comme ça, il y regardera une quinzaine de fois. (*L'Idiot*)

Mais, aux précautions près soulignées ci-dessus, tomber dans la potion du désir présente de nombreux avantages. C'est en effet un avantage formidable (nous allions dire « concurrentiel ») si, dès l'âge de cinq ans – à la condition naturellement qu'il ne s'agisse pas d'un « effet de style » – nous avons la chance de savoir que, quoi qu'il arrive, c'est bien pilote de ligne que nous voulons être lorsque nous serons grands.

> Chacun de mes rêves depuis mon enfance se rapportait à ce désir, flottait autour de lui, revenait finalement à lui. Je ne sais si je le haïssais ou si je l'aimais, mais il emplissait tout mon avenir, toutes mes prévisions sur la vie… et cela était venu de soi-même, à mesure que je grandissais. (*L'Adolescent*)

Avoir la malchance de rencontrer son désir dans le traumatisme

A contrario, et nous allons nous en expliquer, tomber dans la potion du désir peut être aussi très douloureux. Ainsi de ces personnes qui vont « rencontrer » leur désir dans des situations tout à fait dramatiques. L'exemple le plus immédiat est le cas du désir développé sur le traumatisme. Le traumatisme va alors servir, en quelque sorte, de révélateur. Mais, et il faut insister sur ce point, le désir identifié dans ces conditions parfois extrêmes, n'est en rien différent de celui qu'il aurait pu être s'il avait été identifié hors l'épreuve du traumatisme. Tout au plus, y aura-t-il une accélération de son identification. Tout au plus, sa mise en acte va-t-elle connaître une forme peut-être un peu différente et, parce qu'il est issu de circonstances très particulières, avoir des résonances bien spécifiques.

Le bagne, la malchance… puis la chance de Dostoïevski

Dans cette dynamique particulière de « la potion du désir », Dostoïevski présente un profil quelque peu atypique. En effet, si très tôt il a su qu'il voulait écrire, ce n'est que dans le traumatisme – traumatisme nourri, d'une part, de son « exécution » et, d'autre part, de l'expérience du bagne – qu'il va affermir son désir véritable et le modeler de façon définitive… Pierre Pascal relate ainsi les circonstances qui ont conduit Dostoïevski à son « exécution ». « Dostoïevski avait donné lecture dans deux cercles d'une lettre subversive de Biélinski à Gogol et de plus furieusement anticléricale opposant aux Églises le Christ. Il avait aussi parlé contre la censure et avec fougue contre le servage. Mais, après les arrestations, ce fut surtout pour avoir lu la lettre de Biélinski qu'il fut condamné à mort avec plusieurs de ses « complices ». Les malheureux n'apprirent qu'en face du peloton la grâce de l'empereur. À l'un d'eux, l'épreuve coûta la raison ; Dostoïevski en fut marqué pour la vie. Dans la nuit de Noël 1849, il traversa la ville en fête, en route vers la Sibérie. »

« En quelque sorte, le bagne nous a donné Dostoïevski » dira Pierre Pascal. Auparavant, il avait produit un chef-d'œuvre : *Les Pauvres Gens*.

D'emblée, comme cela, à vingt-quatre ans. Mais si en 1845 il était entré dans la gloire, ses publications suivantes déçurent : « Ennuyeuses, mal construites, sans idées » prononça la critique.

Bien sûr, déjà avant le bagne, il avait acquis une bonne connaissance de ce qu'est l'homme. Il avait beaucoup lu, et lisait toujours avec passion : jadis Schiller et Balzac (il avait traduit *Eugénie Grandet*) ; puis Eugène Sue et, surtout, George Sand (nous nous souvenons du *Spiridion*). Aussi était-il déjà, comme il le sera d'ailleurs toute sa vie, tout particulièrement attentif aux faits du jour et aux mouvements des idées. Et pourtant, et malgré cela, c'est l'expérience du bagne qui sera déterminante. Dans son ouvrage, *Souvenirs de la maison des morts* – ouvrage sobre et réaliste qui rend compte de la profondeur de ses rencontres avec les habitants du bagne et qui finalement relate cet épisode de sa vie – il s'en explique. Oui, le traumatisme, le choc, c'est là aussi qu'il le rencontre. Oui, c'est là qu'il va faire l'expérience du mal métaphysique et du même coup de la complexité et des dessous effrayants de la nature humaine. Or, cette prise de conscience ne peut qu'être bouleversante ! Sans doute, même parmi les brigands, finit-il par distinguer des hommes. Mais, avec cela que de mal ! Non point seulement les manifestations extérieures du mal, injures, querelles, vols, coups, amertume, délation ; mais le mal essentiel : le besoin, la délectation de faire le mal, et l'absence de repentir.

Comme il est loin désormais le Dostoïevski des âmes tendres et tristes des *Pauvres Gens*. Dostoïevski ne s'est pas « contenté » de tomber dans la potion du désir, il a analysé ce qui se passait. C'est aussi beaucoup pour cela qu'il ne laissera jamais perdre les leçons de ce traumatisme. Oui véritablement, c'est le bagne qui modélisera son désir de construire une œuvre. Nous l'avons souligné : son désir d'écrire existait auparavant, seuls (et c'est tout à la fois) ont changé la profondeur et les accents de sa mise en acte.

La force du traumatisme : un révélateur de nos vérités

Ce qui est vrai avec Dostoïevski est aussi vrai pour chacun d'entre-nous. Il n'y a d'ailleurs aucune raison qu'il en aille autrement. Alors, d'où s'origine cette force formidable que semble véhiculer le traumatisme ? L'explication est celle-ci : si le traumatisme fait révélateur des vérités profondes de Dostoïevski, comme il pourrait le faire de nos vérités à nous, c'est qu'il touche à l'essentiel. À la vie bien sûr, mais tout autant voire davantage encore à la mort. Oui, incontestablement, parce que le traumatisme a à voir avec la mort, il emporte tout sur son passage. Désirs-pulsions comme désirs-illusions passent à la trappe. Ne subsiste plus qu'un seul désir : le désir véritable, celui qui nous fait comprendre ce que nous voulons faire de notre vie.

> Au centre même de cette existence insolente et sans profondeur a surgi la grande, l'éternelle vérité de la vie et, d'un coup, elle a tout illuminé. Avec Anna Karénine qui se meurt, tous ces gens superficiels, creux et factices deviennent soudain des hommes vrais et justes, dignes du nom d'hommes – par la seule force de la loi de la nature : la loi de la mort humaine. Leur coquille est brisée et leur vérité seule apparaît. Les derniers se sont haussés au premier rang et les premiers (dont Vronski) sont soudain les derniers. Oui, ils ont perdu toute auréole et sont rabaissés. Mais rabaissés, ils sont devenus infiniment meilleurs, plus dignes et plus vrais que lorsqu'ils étaient les premiers et les plus élevés. La haine et le mensonge se sont mis à parler le langage du pardon et de l'amour. Les stupides conceptions mondaines ont fait place à la seule charité humaine. Tous se pardonnent et se rendent justice mutuellement. L'esprit de caste et son exclusivisme ont soudain disparu et sont devenus inconcevables, et ces êtres de papier sont devenus pareils à de vrais êtres humains ! Il n'y a plus de coupables : tous s'accusent eux-mêmes sans réserves et, du même coup, se trouvent absous. (*Journal d'un écrivain – À propos de La Guerre et la paix de Tolstoï*)

La vie vivante oblige à de nombreux renoncements

Le renoncement aux plaisirs à bon marché

La potion du désir, le traumatisme, diable… le moins que nous puissions dire, c'est que la vie vivante cela se gagne. Et encore, n'en avons-nous pas fini. De loin s'en faut même ! Ainsi la vie vivante, c'est tout autant accepter de renoncer à un certain nombre de choses. Parmi les premiers de ces renoncements, nous distinguerons bien évidemment – nous l'avons d'ailleurs pointé du doigt – le renoncement aux plaisirs à bon marché dont nous avons montré qu'ils embolisent la vie.

> Il faut renoncer à vouloir trouver sa joie dans les satisfactions brutales, la gloutonnerie, l'orgueil, la vantardise, la suprématie jalouse des uns sur les autres. (*Les Frères Karamazov*)

Oui, il existe un confort de la médiocrité. Ce qui peut se concevoir aisément si nous voulons bien considérer que celui-ci ne demande aucun effort.

> Hum, oui, toutes les grandes choses sont à la portée de l'homme et tout lui passe sous le nez à cause de sa poltronnerie… Tous ses solliques énervants sur sa faiblesse, son impuissance et son irrésolution… C'est devenu un axiome… Il serait curieux de savoir ce que les hommes redoutent par dessus tout. Ce qui les tire de leurs habitudes, voilà ce qui les effraye le plus… (*Crime et Châtiment*)

Oui, et sans en faire un acte de foi, il est vrai que la vie vivante cela se gagne. Aussi, faut-il renoncer aux plaisirs à bon marché. Non pour le plaisir du renoncement bien sûr, mais pour conquérir d'autres plaisirs, plus intéressants (nous retrouvons ici cette belle notion qu'est l'effort).

> Il faut parfois savoir, comme Lisa Prokofievna, sans mûre réflexion, lever toutes les ancres et se lancer au large en dépit de la tempête. (*L'Idiot*)

Sinon, c'est une vie comme sur la plume, une vie qui nous prend et qui nous happe, c'est la fin du monde, l'ancre, le port, le nombril du monde, le paradis ! Oui vraiment, il faut savoir ce que nous voulons.

> Des crêpes succulentes, de savoureux pâtés de poisson, le samovar du soir, de tendres soupirs, de tièdes robes de chambre et des bassinoires bien chaudes. C'est comme si tu étais mort. (*Crime et Châtiment*)

Le renoncement au plaisir du regard de l'autre

Dans cette même dynamique du renoncement, nous devons renoncer au regard de l'autre (remarquons que ce regard n'est qu'un déplacement du premier regard : le regard des parents).

> Là où pour d'autres ce serait quelque chose sans importance, pour soi ce sera peut-être la première poutre du vaisseau sur lequel Christophe Colomb est parti découvrir l'Amérique… Si, avant de découvrir l'Amérique, Colomb avait voulu raconter son idée aux autres, je suis convaincu qu'on aurait été bien longtemps sans le comprendre. (*L'Adolescent*)

Le renoncement au plaisir de la vengeance

Autre renoncement, le renoncement au plaisir de la vengeance comme d'ailleurs le renoncement à vouloir répondre aux disqualifications dont nous pouvons être l'objet. « Tu es seule à Thèbes à professer de pareilles opinions » fera dire Sophocle à Créon lorsque celui-ci s'adressera à Antigone… Tout autant, nous devons renoncer à la « vengeance » vis-à-vis des parents car cela serait encore nous positionner par rapport à eux. Oui, nous devons apprendre à nous défaire des préjugés et des vaines craintes. Oui, nous ne devons jamais baisser pavillon et nous arrêter devant quoi que ce soit. Naturellement, et comme cela est très souvent le cas, c'est là quelque chose de plus facile à dire qu'à faire ! Et pourtant, c'est vers cela que nous devons tendre. Oui, incontestablement ce proverbe turc que reprendra Dostoïevski est juste : « Si tu te diriges vers un but et que tu t'arrêtes en route pour jeter des pierres à chaque chien qui aboie après toi, tu n'y arriveras jamais. »

> Le pire qui puisse m'arriver, pensait le prince, est de faire concevoir une fâcheuse opinion de moi ou de voir les gens me rirent au nez… Ce sont là pourtant des choses sans importance. Oui, sans importance, vraiment ! (*L'Idiot*)

Le renoncement à la tentation de la toute-puissance

Tout autant, parce que nous n'en avons pas fini des renoncements, nous devons renoncer aux Sirènes de la toute-puissance. Il y a dans Nietzsche, et tout particulièrement dans le dernier aphorisme tonitruant de *L'Antéchrist*, une métaphore étrangement silencieuse : « Je l'écrirai sur tous les murs, partout là où il y a des murs… j'ai des lettres qui font voir aussi aux aveugles. » C'est cela le fantasme de toute-puissance ! (ce qui d'ailleurs venant de Nietzsche n'est pas vraiment pour nous surprendre…). Pour nous préserver de ce fantasme qui paradoxalement est très humain puisqu'il décrit justement ce que nous ne pourrons jamais posséder – Balzac décline ce fantasme avec beaucoup de justesse dans *La Recherche de l'Absolu* où il montre un Balthazar Claës tellement absorbé par son travail qu'il aurait voulu avoir dix têtes et dix mains pour produire davantage – nous pouvons nous rappeler cette histoire du rat qui dit à un autre rat : « J'ai si bien dressé l'homme à la blouse blanche qu'il m'apporte à manger chaque fois que je pèse sur ce levier »… Oui, très certainement, comme Agathon dans *Le Banquet,* il nous faut renoncer au fantasme toutpuissant de pouvoir faire plier les autres et les choses à notre dessein. Ou alors, nous ne devons pas être dupes ! Ce qui veut dire que nous le savons et que nous assumons le risque de nous retrouver un jour dans la position d'Achille dans *L'Iliade* qui, jetant les cadavres au fil de l'eau, fit monter le niveau, de sorte que le ruisseau débordé vint le menacer jusqu'aux épaules.

Le renoncement au désir de perfection

Renoncer à la toute-puissance, c'est aussi renoncer à ce que nous avons dénoncé comme étant le désir de perfection. Ce désir de perfection dont nous avons vu qu'une des conséquences, et non des moindres, est qu'à vouloir être parfaits, non seulement nous ne ferons jamais rien mais surtout que c'est là un état dont nous ne sommes pas prêts de voir la fin.

> Mon secret est bien simple : « Se surveiller constamment et, quelles que puissent être les phases de jeu, ne pas s'échauffer, ne pas se laisser emporter. » (*Le Joueur*)

Le renoncement à l'idée qui voudrait qu'il y ait une morale

D'autres renoncements encore sont nécessaires si nous voulons éradiquer de tout obstacle – à tout le moins des plus conséquents – le chemin qui mène à la vie vivante. Ainsi, il va nous falloir renoncer à cette idée « imbécile » qui veut qu'il existe en fin de compte une morale. Qu'en quelque sorte, ce soit ceux qui se donneraient le plus de mal qui réussiraient le mieux. Le destin des personnages d'*Humiliés et offensés* nous en apporte un cruel démenti. Le jugement dernier, cela n'existe pas… et surtout pas sur terre… Natacha avec son cœur pur restera finalement seule. Nelly meurt victime de son dévouement. Par contre Aliocha et Katia qui sous des dehors idéalistes cachent un égoïsme actif seront peut-être heureux. Mieux encore, le seul triomphateur n'est-il pas le parfait scélérat, le prince Valkovski ?

La vie vivante oblige à prendre le risque d'affronter le père

Pour autant – décidément quand nous disions qu'il n'y a pas de morale – l'accès à la vie vivante n'a rien d'assuré. Et de loin s'en faut ! Il va maintenant nous falloir prendre un risque. Or, et parce qu'il y a risque, il n'y a aucune garantie de succès. Le risque, c'est celui-ci : l'affrontement avec le père. Par le père, nous entendons naturellement les parents ; parents dont nous savons tout le désir qu'ils projettent pour nous ; parents dont nous savons tout autant qu'il ne sert à rien de les fustiger, parce que « côté » désir projeté, nous aussi nous savons faire… Car après tout, que faisons-nous d'autre avec nos propres enfants ?

Ceux qui échouent à identifier leur désir par eux-mêmes

Avant pourtant de nous attaquer à ce problème de fond, et comme nous pouvons prendre une dernière respiration avant une longue traversée en plongée, nous devons examiner le cas de ceux qui n'arrivent pas à se « dépatouiller » par eux-mêmes pour réussir à identifier leur désir véritable.

Ceux-là, ceux qui ne savent pas faire, ceux qui ne sont pas tombés dedans quand ils étaient petits, ceux qui n'ont donc pas eu à se demander s'il s'agissait ou non de leur désir véritable, ceux qui enfin ne savent pas renoncer aux plaisirs à bon marché comme à la tentation de la toute-puissance… alors, pour ceux-là, de deux choses l'une : ou ils souffrent de leur situation, ou ils n'en souffrent pas. Dans ce deuxième cas, fermez le ban, nous rebouclons là sur la chanson de Jacques Brel (après tout, nous l'avons vu, chacun de nous reste libre de rater sa vie). Mais pour les premiers, pour tous ceux qui souffrent, alors peut-être pouvons-nous faire quelque chose. Oui, si vraiment ils en ont assez d'une vie qui ressemble à tout sauf à une vie vivante, il existe toujours un recours. Ce recours, cette lueur d'espoir, c'est la psychanalyse.

L'Enfant à la « menotte »

Une lueur d'espoir : la psychanalyse

Pourquoi fait-on une psychanalyse ? Pour deux grandes raisons. La première, lorsque nous nous sentons submergés par des difficultés et que nous souffrons de ne pas pouvoir conduire notre vie comme nous l'entendons. La seconde, lorsque nous échouons à comprendre ce que nous voulons faire de notre vie. Plage commune à ces deux raisons, la certitude, jamais facile à admettre, que nous ne pouvons plus nous en « sortir seul ». C'est là aussi d'ailleurs un renoncement à une forme de toute-puissance, la psychanalyse n'est possible qu'à la condition, d'une part, que nous soyons à même de reconnaître nos difficultés, d'autre part, que nous soyons intimement convaincus qu'il n'est pas indigne de nous faire aider.

Qu'est-ce que la psychanalyse ?

La psychanalyse part du postulat que notre vie ne se déroule pas librement dans l'inconscient et qu'il n'est rien de nous qui ne soit submergé ou susceptible de l'être par les vagues d'un passé apparemment oublié.

Pour Stephan Zweig, de même que le chasseur retrouve dans la moindre empreinte la marche et l'espèce du gibier, de même que l'archéologue sur la foi de débris de vase établit le caractère d'une génération dans toute une ville ensevelie, de même la psychanalyse au cours de sa phase la plus avancée exerce son art de détective en s'attachant aux faits apparemment insignifiants dans lesquels la vie inconsciente se trahit à travers le conscient. Dès ses premières recherches dans ce sens, Freud avait découvert une piste surprenante dont les principaux repères étaient les mécanismes de transfert, les actes manqués et le travail du rêve. Qui plus est, il a réussi à mettre à jour la signification de tous ces phénomènes singuliers qui, à première vue, paraissent infimes comme se tromper d'expression, prendre une chose pour une autre ou commettre un lapsus.

Si tout cela bien sûr a à voir avec le désir, la difficulté s'origine de ce qu'ici le désir se camoufle derrière l'une de ses ruses principales : l'être désirant viable – point trop névrosé – c'est-à-dire gérant le ratage désastrant de façon pas trop désastreuse, c'est le *fantasme*. Et le fantasme, pour Lacan, c'est une formidable trouvaille. Une formidable trouvaille pour pratiquer l'ironie du désir qui ne cède pas sur sa nostalgie sans le satisfaire pour de bon : « jouer avec » et le « considérer » à travers ce « voile »... Évidemment, cela peut-être un peu plus difficile à comprendre. Mais ce n'est pas très grave. Ce qui importe et ce qu'il faut retenir surtout, au moins dans un premier temps – nous reviendrons sur ces différents points par la suite – c'est que les *rêves*, les *fantasmes* et les *symptômes*, mais aussi les *actes manqués* et les *mots d'esprit*, tout cela, c'est de « l'imagination » *qui vient du désir pour tenter de faire comme si* la situation primitive était réalisable.

Tous les actes psychiques sont des produits de l'inconscient

Un exemple de transfert : c'est lorsque chacun au sein d'une même organisation répercute sur un tiers le comportement qu'il vient pourtant de subir.

> Le tsar frappe de terreur ses serviteurs, qui frappent de leurs poings leurs esclaves, qui frappent de leur fouet les chevaux. (*Souvenirs de la maison des morts*)

Un exemple de lapsus : c'est le prince Piotr Alexandrovitch qui au lieu de parler de Natacha qui doit devenir sa belle fille va parler d'Anna. Or Anna est le prénom de sa femme.

> La tête me tourne quand je pense à son avenir et, surtout, à celui d'Anna Nikolaievna lorsqu'elle sera sa femme. (*Humiliés et offensés*)

Un exemple d'acte manqué, différent cette fois du lapsus : ce peut être l'oubli ou la perte d'un objet. Après la disparition de *Gradiva*, écrit Freud dans *Le Délire et les rêves dans la* Gradiva *de W. Jensen*, seul retentit encore dans le lointain comme l'appel rieur d'un oiseau qui passe au-dessus de la ville en ruine. Resté seul, le jeune homme ramasse quelque chose de blanc que *Gradiva* a laissé derrière elle. Ce n'est pas une feuille de papyrus mais un carnet d'esquisses avec des dessins au crayon qui représentent divers aspects de Pompéi. Nous dirons qu'elle a laissé un gage de son retour en oubliant le petit carnet à cet endroit, car nous affirmons que nous n'oublions rien sans raison secrète ou sans mobile caché.

Oui, tous les actes psychiques sont d'abord et avant tout des produits de l'inconscient ; inconscient dont nous savons maintenant qu'il ne se manifeste peut-être jamais aussi bien que dans le travail du rêve. Ainsi, dans *Louis Lambert*, Balzac s'interroge : « Comment les hommes ont-ils si peu réfléchi jusqu'alors aux accidents du sommeil qui incontestablement accusent en l'homme une double vie ? N'y aurait-il pas une nouvelle science dans ce phénomène ?... Il annonce au moins la désunion fréquente de nos deux natures. J'ai donc enfin un témoignage de la supériorité qui distingue nos sens latents de nos sens apparents. »

Quant aux actes psychiques dont nous prenons conscience, ils ne représentent pas une espèce différente. Leur entrée dans le conscient, ils ne la doivent qu'à une action extérieure, telle la lumière venant éclairer un objet. Pour Stephan Zweig, qu'elle soit invisible dans une pièce obscure ou qu'une lampe électrique la rende perceptible au regard, une table restera toujours une table. La lumière rend son existence matériellement plus sensible, mais ce n'est pas elle qui produit sa présence.

La psychanalyse peut aider à mieux connaître son inconscient

Mais, parce qu'une science psychique ne peut pas se satisfaire des seuls aveux fortuits et d'ailleurs partiels que fournissent les rêves et les actes manqués : il faut aussi pour s'approcher de la véritable couche de l'inconscient avoir recours à une psychotechnique, c'est-à-dire à un véritable travail en profondeur. C'est cet effort, systématique, tendu vers un seul but, qui lui permet de pénétrer jusqu'au tréfonds de la région *souterraine*. Voilà pourquoi, dans la cure analytique, c'est bien le combat contre l'ensemble des résistances qui va être le travail principal de l'analyste. Et c'est par ce combat, par sa capacité à surmonter les différentes résistances, que le *moi* du patient va être à la fois modifié et à la fois renforcé. Oui, la psychanalyse peut aider ! Oui, elle peut aider au changement individuel ou plus exactement à faire en sorte que l'individu devienne véritablement lui-même et fasse ainsi mieux avec ce qu'il est. Nous l'avons dit, et même « martelé », nous ne changeons pas mais nous pouvons faire mieux avec ce que nous sommes.

Pour atteindre cet objectif, la psychanalyse va donc travailler sur la « mise à jour » des résistances. C'est-à-dire qu'elle va s'efforcer de faire en sorte que les résistances qui sont par nature inconscientes au sujet (elles agissent en quelque sorte malgré lui) deviennent conscientes. En effet, ce sont ces résistances dont le patient ignore souvent tout qui entravent le travail de guérison. Tout le travail analytique peut être alors résumé ainsi : contrecarrer par la levée des résistances le bénéfice de la « maladie ». Et là, nous tenons l'explication du temps souvent très long qu'exige une analyse. Pour Freud en effet, qui s'en explique dans *La Question de l'analyse profane* : « Sur un parcours qu'en temps de paix nous accomplissons à toute allure en quelques heures de chemin de fer, une armée peut être arrêtée des semaines si elle doit surmonter la résistance de l'ennemi. »

La théorie psychanalytique est à vrai dire édifiée sur la perception de la résistance qu'offre le patient lors de la tentative de lui rendre conscient son inconscient. La résistance est l'indice certain d'un conflit psychique. C'est-à-dire, d'une part, une force qui veut exprimer quelque chose et, d'autre part, une force qui se rebelle contre l'admission de cette déclaration. Pour le sujet, le signe objectif de la résistance est aisément repérable. C'est en effet toujours le cas quand ses idées incidentes font défaillance ou s'éloignent largement du thème traité. Le sujet peut aussi reconnaître subjectivement la résistance par la reconnaissance des sensations pénibles qu'il éprouve au fur et à mesure qu'il se rapproche du thème. Cependant, comme les choses ne sont jamais simples, ce dernier signe peut être absent. « Nous disons alors au patient (c'est Freud qui parle) que nous déduisons de son comportement qu'il se trouve actuellement dans la résistance, et il répond qu'il n'en sait rien, qu'il remarque seulement que les idées lui viennent plus difficilement. La résistance peut donc être tout aussi inconsciente que le refoulé à la levée duquel nous travaillons. »

Les résistances à la psychanalyse

Les résistances à la psychanalyse, ce sont en quelque sorte les véritables racines des premières résistances au changement mises à jour au tout début de cet ouvrage.

Le sentiment de culpabilité inconscient

La première résistance à la psychanalyse, parce que sans doute la plus forte, est le « sentiment de culpabilité inconscient ». Ce sentiment qui n'est rien d'autre qu'un « besoin de punition » représente la résistance du *surmoi* (c'est-à-dire la résistance à pouvoir penser et agir hors ce que nous imaginons être les attentes des parents). Cette résistance spécifique organise la compulsion à la répétition.

La compulsion à la répétition, c'est la mise en échec de la volonté consciente au profit de la réédition de plaisirs inconscients (c'est cette compulsion qui explique que nous pouvons nous retrouver dans des situations analogues). Dans *L'Éternel mari*, Dostoïevski bâtit ainsi à partir d'un vaudeville une fable angoissante sur la fatalité des rapports humains et, d'une sinistre histoire d'adultère et de revenants, il dresse un constat sur l'absurde reproduction des comportements d'échec. *L'Éternel mari*, c'est l'histoire de Lipotchka qui trompe Pavel Pavlovitch avec Veltchaninov puis après avec Mitenka. C'est toute cette dynamique qui, parce qu'elle est devenue hautement prédictible, fera dire à Veltchaninov à la fin du roman : « Bon, bon, tout est dans l'ordre ; tout le tremblement ! »

> « La pure vérité ! » concluait Veltchaninov, approfondissant, analysant toujours. Ce Quasimodo de T. (Pavel Pavlovitch) était assez bête et assez noble pour tomber amoureux de l'amant de sa femme chez laquelle en vingt ans il n'a rien remarqué du tout ! Ce serait curieux de savoir par quoi précisément je l'ai frappé. Vraiment, peut-être par mes gants frais et mon art pour les mettre. Les Quasimodo aiment l'esthétique, oh qu'ils aiment ça ! Les gants, ça leur suffit déjà amplement pour leur âme noble – des « éternels maris » en plus… Et son cri l'autre jour : « Parce que si lui aussi, alors qui d'autre croire après ! » Après un cri pareil, mais on deviendrait une bête !… (*L'Éternel mari*)

Le transfert

Autre résistance, la résistance du *moi* (le *moi*, c'est ce que nous sommes en quelque sorte). Cette résistance s'est développée dans la toute petite enfance face à une situation angoissante où le *moi* a procédé à un refoulement. Parce que cette angoisse subsiste encore, elle se manifeste maintenant dans l'analyse quand le *moi* s'approche du refoulé. Plus nous nous approchons de ce refoulé, plus la résistance est grande : c'est comme si une force de répulsion intervenait pour contrarier la remémoration et l'interprétation. Freud montre ainsi très bien que lorsque le patient s'approche trop près de ce refoulé, lorsque les associations lui font défaut pour aller plus loin dans la saisie du conflit déterminant pour lui, il reporte ses préoccupations sur la personne de l'analyste et actualise dans le transfert les motions tendres ou agressives qu'il n'arrive pas à verbaliser. Le transfert fonctionne alors comme résistance, comme un lieu où le sujet répète ce qui pour lui fait obstacle.

Les fondements mêmes de nos pulsions

Autre forme de résistance enfin, la résistance du *ça* (c'est-à-dire de ce qui abrite nos pulsions). Pour imaginer la force d'une telle résistance, nous pouvons nous représenter que ce n'est pas sans difficulté qu'un processus pulsionnel qui pendant des décennies a suivi une voie déterminée doit soudain, suite au travail analytique, suivre la nouvelle voie que nous lui avons ouverte.

La psychanalyse n'a pas vocation à faire plaisir

Au-delà des résistances, il peut être intéressant de s'arrêter un moment sur quelque chose que nous savons mais que nous dénions le plus souvent, à savoir que la psychanalyse, cela n'a sûrement pas vocation à faire plaisir. D'une part, et nous le savons bien, la psychanalyse nie la domination de la raison sur l'inconscient : « Les hommes, dit-elle, sont peu accessibles aux arguments de la raison, ils sont mus par leurs instincts. » D'autre part, et nous le savons tout autant, la psychanalyse affirme : « Nous n'avons pas d'autre moyen que nous-mêmes pour dominer notre vie instinctive. » Aussi, parce qu'elle renvoie sans cesse à la responsabilité individuelle, elle repousse les fausses « bonnes excuses ». Non, ce n'est pas « l'horreur économique » qui nous empêche d'agir. Non, le mal n'est pas si puissant sur terre, et nos vertus si médiocres, qu'il nous faille toujours capituler avant même d'avoir combattu. Voilà pourquoi, il était important de s'arrêter un moment sur ce point précis.

> Voyons, murmura le prince en lui-même et presque sans avoir conscience de ses paroles, est-ce qu'il y a de ma faute dans tout ce qui arrive ? (*L'Idiot*)

Là encore, Dostoïevski est certainement l'un de ceux qui pose le mieux le problème de la responsabilité individuelle. Écrivain *prolétaire,* Dostoïevski avait connu la misère et les malheureux, les injustices et les souffrances causées par l'inégalité des conditions, les entraves apportées aux talents et aux nobles aspirations par l'invincible pauvreté. Mais, parce qu'au-delà de ses difficultés, il a toujours su garder une forme de lucidité, il voyait le remède moins dans les révolutions que dans les hommes et leur capacité à être sans concession pour eux-mêmes.

La psychanalyse renvoie chacun dos-à-dos avec lui-même

Non vraiment, ce n'est pas tendre la psychanalyse. Pas seulement d'ailleurs parce qu'elle renvoie chacun dos-à-dos avec lui-même mais tout autant par ce qu'elle raconte. Ainsi dit-elle : « Il faut renoncer aux choses pour les obtenir de surcroît » (cf. *Le Joueur*, *Qu'est-ce que la vie vivante ?*).

> Le prince l'a empaumée (Aglaia) d'abord parce qu'il ne l'a pas cherchée. (*L'Idiot*)

La psychanalyse permet d'exprimer sa haine pour ses parents

Enfin et surtout, ce n'est pas tendre la psychanalyse parce que c'est « là » que bien souvent va s'exprimer pour la première fois notre amertume et même notre haine à l'encontre de nos parents. Première brèche dans notre endiguement, première fissure dans la forteresse de notre *surmoi*, c'est aussi la première ouverture sur la capacité de penser par soi-même. Marcel Jouhandeau décrit avec beaucoup de finesse ce moment dans le *Parricide imaginaire* où, dit-il, il arrivait parfois à Juste d'éprouver dans la main droite, à hauteur du poignet, une seconde, le tremblement spécifique des parricides : « Je crois l'aimer toujours. Une fois par semaine je le hais. C'est le dimanche de l'amour filial. »

La psychanalyse nous oblige à nous autoriser de nous-mêmes

Alors la responsabilité individuelle, le renoncement pour avoir de surcroît, la compréhension que nous pouvons avoir le droit de ne pas toujours aimer nos parents… Qu'est-ce que tout cela peut bien vouloir dire ? Tout simplement (c'est là certainement un abus de langage et nous en conviendrons) que nous ne sommes pas seulement supposés savoir (nous et nous seulement sommes en effet détenteurs de notre propre vérité), nous sommes aussi ceux qui devons apprendre à nous autoriser de nous-mêmes… C'est en cela qu'Antigone est une tragédie révolutionnaire. Pour la première fois, en effet, le concept *d'Otonomos* – celui qui fait ses propres lois, celui qui recherche sa propre vérité – est appliqué aux hommes et non plus aux seuls Dieux ou à leurs représentants, les Rois.

Seulement voilà, pour nous autoriser de nous-mêmes, il nous faut être « suffisamment solides ». Autrement exprimé, n'est pas Antigone qui veut. De loin s'en faut même. Comment savoir en effet si ce que nous pensons, si ce que nous décidons, si ce que nous entreprenons, va être bon pour nous ? Oui, comment le savoir... si ce n'est peut-être par une meilleure connaissance de notre inconscient et donc une meilleure connaissance de ce que nous sommes ?

Apprendre à avoir confiance dans son inconscient

Pour Pontalis, la fameuse proposition : « L'inconscient ignore le temps » a fait dire bien des sottises. Oui, il est hors du temps linéaire, irréversible, secondarisé. Oui, il se soucie comme d'une guigne de nos repères chronologiques. Il brouille les époques – chacun de nos rêves en témoigne. Il peut faire du passé notre avenir, du futur notre mémoire et du présent parfois un instant d'éternité. Mais il n'échappe pas pour autant à toute expérience du temps et à ce que nous pouvons sans doute considérer comme étant le noyau temporel : l'expérience de la perte et de l'absence. Oui très certainement, l'inconscient peut être expliqué par tous ces temps mêlés et sûrement pas par de l'intemporel.

Alors naturellement, il ne s'agit sûrement pas d'apprivoiser l'inconscient. Non, plus modestement, il s'agit d'en avoir une expérience personnelle comme évidence vécue et non comme simple croyance ou adhésion intellectuelle. L'inconscient ne doit plus être l'ennemi à abattre, celui qui peut nous nuire malgré nous, organiser ce que nous appellerons nos propres sabotages (cf. *Crime et châtiment, Se protéger de la culpabilité, c'est se protéger de ses sabotages*). Au contraire, l'inconscient, si nous réussissons à en approcher certaines facettes, peut nous permettre de comprendre et donc de renoncer à une certaine forme de culpabilité ou de désir de punition. Il peut ainsi devenir un véritable allié. Qui sait même notre meilleur allié !

> Comment le coup avait-il pu rater ? Hyppolyte jura qu'il avait oublié de mettre la capsule : « Un oubli complètement accidentel et involontaire. » Il ajouta que « toutes les capsules », au nombre de dix étaient là dans la poche de son gilet (et il les montrait à tout-venant, c'était de peur que le coup ne partît par hasard dans sa poche et avec l'idée qu'il avait toujours le temps de le faire au moment voulu, mais cela lui était soudain sorti de l'esprit). (*L'Idiot*)

Avoir confiance dans son inconscient, c'est avoir confiance en soi

Avoir confiance dans son inconscient, nous l'avons dit, c'est aussi avoir confiance dans ses capacités. Pour ça aussi, l'analyse se révèle tout à fait intéressante.

> C'est ainsi par exemple qu'un homme aux prises avec un brigand passe une demi-heure d'angoisse mortelle pour retrouver son sang-froid quand il sent la pointe du couteau sous sa gorge. (*Crime et Châtiment*)

Alors oui bien sûr, l'analyse ce n'est pas très tendre. Et si, dans le même temps, il est clair que nous pouvons en espérer de nombreux bénéfices, il ne faudrait pas croire pour autant que celle-ci s'inscrive comme remède universel à tous nos maux comme d'ailleurs à notre incapacité à identifier notre désir véritable et à comprendre ce que nous voulons faire de notre vie. Non, il peut exister, il doit même exister d'autres solutions.

Les limites de la psychanalyse

Les analystes et les analyses ne sont pas tous recommandables

La première limite, évidente certes, mais encore faut-il la souligner, est qu'il faut se « méfier » de certains analystes, à tout le moins d'une certaine forme de psychanalyse. Comme tous les analystes ne sont pas forcément brillants, toutes les formes de psychanalyse ne sont pas forcément recommandables.

> En réponse à la « psychologie à la vapeur » dont avait usé le procureur Hippolyte Kirillovitch, l'avocat Fékioutovitch commença ainsi sa plaidoirie : « Voilà, messieurs les jurés une autre sorte de psychologie. C'est à dessein que je recours moi-même à cette science pour démontrer clairement qu'on peut en tirer n'importe quoi. Tout dépend de celui qui opère. Laissez-moi vous parler des excès de la psychologie, messieurs les jurés, et de l'abus qu'on en fait »… « Oui, la psychologie est une arme à deux tranchants, et nous savons nous en servir ». (*Les frères Karamazov*)

Les limites dans la technique même de l'analyse

De façon plus subtile peut-être, les limites de la psychanalyse sont repérables à plusieurs niveaux. Pouvons-nous tout éradiquer d'une résistance ?

Pour Freud, bien souvent : « Non ». En effet, nous connaissons la tendance à nous contenter trop souvent et trop tôt d'une élucidation partielle derrière laquelle la résistance garde facilement, par-devers elle, comme l'arbre qui cache la forêt, ce qui pourrait bien être autrement plus important. Pouvons-nous avec la méthode d'interprétation des rêves interpréter tous les rêves ? Là encore la réponse est : « Non ». Ou du moins : « Non, pas tous ». En effet, si le travail d'interprétation du rêve s'effectue contre une résistance qui varie de grandeurs insignifiantes à des grandeurs insurmontables, une résistance plus forte que pour les autres parties barre le chemin de sa communication. La résistance à laquelle le travail a arraché la conservation du texte du rêve se déplace ainsi sur l'association et rend le rêve manifeste inaccessible à l'interprétation.

Autrement exprimé, le refoulé lors de son retour surgit de l'instance refoulante elle-même. Pour illustrer ce principe, nous pouvons, comme Freud le propose, prendre appui sur une gravure célèbre de Félicien Rops : *La tentation de Saint Antoine*. Le graveur en ce cas a choisi le cas exemplaire du refoulement dans la vie des saints et des pénitents. Un moine ascète s'est réfugié – sûrement pour fuir les tentations du monde – près de l'image du Sauveur crucifié. Alors, cette croix s'affaisse comme une ombre et, rayonnante, s'y substituant, s'élève à sa place l'image d'une femme nue aux formes épanouies, également dans la position du crucifiement. D'autres peintres dont la pénétration psychologique était moindre ont placé dans des représentations analogues de la tentation le péché insolent et triomphant quelque part à côté du Sauveur sur la croix. Seul Rops lui a fait prendre la place du Sauveur lui-même sur la croix. Pour Freud, il paraît avoir su que le refoulé, lors de son retour, surgit de l'instance refoulante elle-même.

L'analyse a à dire sur le désir mais pas sur sa mise en acte

D'autres points mériteraient d'être développés. Les dérouler cependant ne présenterait pas grand intérêt. Notons tout de même que si l'analyse a à dire sur le désir, elle ne racontera jamais rien de la qualité de sa mise en acte. Aussi, devant le problème de ce qui fait la qualité de la création, elle ne pourra jamais que déposer les armes. Aussi, mieux vaut-il retenir que l'analyse, malgré l'originalité de sa démarche, n'est sans doute pas la seule solution. Nous ne pouvons d'ailleurs que nous en réjouir. Car, comme tout le monde n'a pas besoin d'une analyse, tout le monde ne peut pas être « analysé ». Sans entrer dans les détails, car cela nous entraînerait trop loin, retenons qu'il faut, pour être « analysé », être suffisamment « solide » pour « encaisser » les coups (nous l'avons vu, la psychanalyse ne donne pas dans la tendresse) et dans le même temps être suffisamment « fragile » pour accepter d'entendre un certain nombre de choses. Pas si facile donc !

Les autres solutions : la littérature, la philosophie...

Alors, sur quoi pouvons-nous établir les autres solutions ? Certainement sur leur capacité à proposer un « cadre ». Ainsi de la littérature et de la philosophie qui racontent des choses sûrement tout aussi intéressantes que la psychanalyse. Littérature et philosophie qui conviendront d'ailleurs bien mieux à tel ou tel selon sa complexion que ne pourrait le faire une analyse. N'allons pas croire cependant que la littérature et la philosophie peuvent faire « gagner » du temps à ce que serait une analyse. C'est là s'illusionner gravement : lire les auteurs, les comprendre intellectuellement et physiquement, cela prend aussi beaucoup, beaucoup de temps.

Parmi les choses que la littérature, la philosophie ou encore la psychanalyse racontent, ce sont bien sûr de nombreuses idées. Parmi celles-ci, nous pouvons repérer l'idée de responsabilité individuelle, l'idée du renoncement pour obtenir les choses de surcroît et, pierre angulaire à l'édifice, l'idée que nous ne pourrons jamais penser par nous-mêmes que le jour où nous aurons compris tout ce qui se joue dans la relation que nous avons pu construire avec nos parents. Oui, il faut avoir compris quand et comment tout cela s'est stratifié. C'est d'ailleurs beaucoup de l'enseignement de la psychanalyse, il faut reconnaître la validité du combat avec le père à un certain moment de son existence. Et cela, que nous le voulions ou non, c'est toute l'histoire du « complexe d'Œdipe ».

Un honnête voleur

Œdipe est Roi

Tirésias à Œdipe – premier épisode
(*Œdipe Roi*)

Je pars, mais d'abord apprends ce que j'avais à te dire. Je ne crains pas
ta personne : tu n'es pas en mesure de m'anéantir.
Je te le dis : cet homme que tu cherches
depuis un moment, pour le meurtre de Laïos,
à coups de menaces et de proclamations, il est ici.
On croit qu'il s'agit d'un étranger, établi en ces lieux ; bientôt on
découvrira que c'est un Thébain, né sur cette terre.
L'événement ne sera pas pour le réjouir :
aveugle, il regrettera ses yeux ;
mendiant, il regrettera ses richesses, et il s'en ira en terre étrangère,
guidant d'un bâton sa démarche incertaine.
Des enfants qui l'entourent, on le découvrira
frère et père à la fois ; de la femme qui l'a mis au monde,
fils et mari ; de son père, rival amoureux et meurtrier.
Rentre donc maintenant, réfléchis à mes paroles
et, si tu peux prouver que j'ai menti,
alors je t'autorise à dire que je ne connais rien à l'art divinatoire.

La découverte du complexe d'Œdipe

Alors comment les choses se sont-elles passées pour arriver un jour, bien longtemps après la tragédie de Sophocle, à parler du complexe d'Œdipe ? Pour comprendre ce glissement à travers les siècles nous devons revenir – nous y sommes maintenant largement habitués – aux travaux de Freud. C'est en effet à travers son expérience clinique que Freud va déceler comme dénominateur commun à beaucoup de sujets la fréquence d'un rêve. Ce rêve, commun à beaucoup d'entre nous donc, a à voir avec la mort d'un parent. Or, et cela Freud l'avait déjà raconté auparavant, tout rêve est accomplissement d'un désir. La connexion entre ces deux idées-forces était réalisée ; aussi est-ce « naturellement » que Freud a pensé, d'une part, que l'enfant aurait une attirance vers la personne du sexe opposé et, d'autre part, que le garçon verrait dans son père et la fille dans sa mère un concurrent qu'il ou qu'elle gagnerait à écarter. Aussi, parce qu'il est central, le complexe d'Œdipe forme-t-il le nœud des pulsions. Réseau serré des désirs obscurs de l'enfance, il marque de l'amour pour l'un des parents et de la haine pour l'autre.

Plus technique peut-être, il faut savoir qu'au complexe d'Œdipe s'oppose l'interdit de l'inceste. C'est là un interdit d'ordre moral et culturel. Toutefois, et normalement, les désirs œdipiens ne perdurent pas et sont assumés. Dans le cas inverse, et nous sommes là « en plein dedans », des névroses ultérieures peuvent s'expliquer par un œdipe mal surmonté.

Nous sommes tous des petits frères d'Œdipe

Mais revenons à Freud. Pour l'auteur, nous avons tous été un jour, en germe, en imagination, un petit frère d'Œdipe. Voilà pourquoi nous nous épouvantons devant la réalisation de son rêve transposé dans la réalité. Voilà pourquoi nous frémissons suivant toute la mesure du refoulement qui sépare notre état infantile et notre état actuel. « Ne sois donc plus obsédé par cette idée de mariage avec ta mère : bien des hommes déjà ont dans leurs rêves couché avec leur mère. À qui sait ne pas se formaliser de ces visions, l'existence devient très facile » fera dire Sophocle à Jocaste lorsque celle-ci s'adressera à Œdipe dans *Œdipe Roi*.

Le complexe d'Œdipe a ceci d'extrêmement intéressant que tout le monde voit à peu près de quoi il en retourne, c'est-à-dire, et nous l'avons d'ailleurs rappelé, un lien sentimental au parent de sexe opposé et une attitude de rivalité envers le parent de même sexe. Mais plus encore, c'est là quelque chose d'extrêmement intéressant car cela parle du désir. Cela ne parle même que de ça !

Que dit l'expérience œdipienne ?

Ce que raconte Œdipe, c'est que l'enfant reçoit d'un « empêchement » la problématique de son désir. Pour Freud, le roi Œdipe qui a tué son père

Laïos et épousé sa mère Jocaste n'est en effet que la réalisation du désir de notre enfance. Mais bien qu'il soit « empêché », ce désir subsiste au niveau inconscient. La preuve ? C'est justement là au niveau inconscient que nous y trouvons ses rejetons, les symptômes encore actifs. Voilà qui est clair : les symptômes sont les « rejetons » actifs du « désir refoulé ».

Les choses auraient pu s'arrêter là. En réalité, c'est un peu plus compliqué. C'est d'ailleurs tout le problème de l'inconscient du désir. Ce n'est pas tant qu'il échoue à se satisfaire, c'est qu'il en vient à se satisfaire de cela même qui fait son insatisfaction. Ou plutôt, il en vient à se satisfaire *avec*, c'est-à-dire au moyen de ces compromis. C'est la raison pour laquelle par exemple, un fantasme, parce qu'il peut si bien dédommager le désir archaïque empêché, peut réussir à détourner le désir de son objet originaire de satisfaction, voire réussir à le remplacer avantageusement. Ainsi et surtout, il y a ce qui s'appelle la « satisfaction d'ersatz » que représente le symptôme. Et c'est cette « satisfaction d'ersatz » qui explique que, malgré la souffrance ou à même la souffrance, le sujet non seulement s'accoutume à ses symptômes mais bien plus s'y « adapte ». Pour Assoun, sur les rives du compromis et du substitut, le désir peut alors s'enkyster en îlots de jouissance. Nous retrouvons là beaucoup de ce qui organise les plaisirs à bon marché.

Ce n'est donc pas à la réalité qu'il y a adaptation mais bien aux symptômes. Et cette adaptation aux symptômes détermine une « limitation du *moi* ». Or, et c'est là que nous « retrouvons nos petits », une des conséquences de cette limitation est l'incapacité pour la personne de réussir à identifier « librement » ce que nous avons appelé son « désir véritable », c'est-à-dire ce qu'elle a véritablement envie de faire de sa vie.

La castration, c'est l'interdiction de désirer

En réalité, et là encore, les choses diffèrent sensiblement. Au moins sont-elles un peu plus compliquées puisque, de l'empêchement du désir initial (le désir pour le parent de sexe opposé) à l'incapacité par la suite pour la personne d'identifier son désir véritable hors du désir que les parents projettent pour elle, se structure la « médiation » du fantasme de castration.

Pour la personne, le fantasme de castration c'est le risque de punition (la castration justement) qu'elle encourt si elle s'évertue à désirer le parent de sexe opposé. Et ce fantasme et l'angoisse qui l'accompagne seront régulièrement réactivés chaque fois que la personne aura l'impression que de par ses choix et actions elle peut contrevenir à ce que serait (ou ce qu'aurait été) pour elle le désir des parents. Voilà pourquoi Freud pourra écrire : « La personne est cet animal coupable de désirer et incurablement désirant. » Et, à chaque « tour » de désir, elle va s'angoisser de la perte de l'objet d'amour (séparation) et de la castration jusqu'à l'angoisse sociale qui est une réédition de l'angoisse devant le *surmoi.*

C'est là toute l'histoire des grandes figures emblématiques des premiers « patients » de la psychanalyse. Qu'il s'agisse du petit Hans, du président Schreber ou encore de l'Homme aux loups, tous ont cotisé à un complexe d'Œdipe dont le moins que l'on puisse dire est qu'il n'a pas été surmonté.

Le petit Hans

Dans le cas du petit Hans, c'est le complexe paternel que Freud voit surgir dans l'affrontement avec son père. C'est au point de rencontre de l'hostilité et de l'angoisse – le « souhait hostile réprimé » se transforme en peur du père – que se forme la phobie. Ainsi se révèle la fonction du père qui est de pointer le rapport à la castration, en sorte que l'objet phobique (le cheval) présente des traits empruntés à la figure du père.

Le président Schreber

Le cas du président Schreber montre comment dans la paranoïa l'éclat paternel en vient à aveugler le sujet et à rendre impossible son positionnement par rapport à la castration. Ainsi, le père immortel du psychotique se dresse comme un barrage redoutable, le rendant incapable de cette ironie que seule permet l'idée de *relativité* dans le temps ; idée essentielle à la paternité.

L'Homme aux loups

Chez l'Homme aux loups, nous assistons à un beau combat tout enveloppé de religion pour sauver le père. S'il est le Christ, le père est Dieu. Mais le Dieu qui lui impose la religion n'est pas un succédané adéquat du père qu'il aime et qu'il ne veut pas se laisser ravir. C'est l'amour de ce père qui lui donne sa perspicacité critique. Il s'élève contre Dieu pour pouvoir se cramponner au père et à cette fin prend la défense de l'ancien père contre le nouveau. Ce chemin de croix pour parvenir au « détachement » de l'ascendant paternel est exemplaire du névrosé obsessionnel qui doit sans cesse servir deux maîtres tyranniques : un père ennemi impitoyable et un père adulé, l'un à immoler, l'autre à exalter, qui se trouvent être... une seule et même personne ! (c'est là toute l'histoire de la dynamique qui se joue entre identification et castration).

La grandeur de l'homme ne démarre que de sa castration

Croisée des chemins, il n'existe qu'une alternative : ou la personne se « sort » du complexe d'Œdipe, les psychanalystes disent alors qu'il est résolu, ou elle ne s'en « sort pas », les psychanalystes disent alors, comme nous l'avons d'ailleurs dit, qu'il n'est pas surmonté. Dans ce deuxième cas, le complexe d'Œdipe est sans cesse réactivé. Si c'est le cas de beaucoup d'entre nous, c'est tout autant le cas de Dostoïevski. C'est pourquoi, une grande partie de son œuvre peut être décortiquée à la lumière de ce même complexe. Voyez dans *Les Pauvres Gens*, écrira Freud dans *Dostoïevski et le parricide*, cet épisode du père ivrogne qui court, grotesque et touchant, derrière le corbillard de son fils : il a été imposé à l'auteur (sauf que nous assistons à une inversion des rôles – le mort est le fils – et qu'il n'y a pas de meurtre). Dans *La Logeuse*, il y a une fille (à la fois la mère de Dostoïevski tyrannisée par son mari et Dostoïevski lui-même) qui se juge complice en esprit du meurtre de sa mère et pour se punir se fait l'esclave de l'affreux vieillard assassin (le père de l'écrivain ?). Dans *Monsieur Prokhartchine* (dont nous avons vu qu'il est mort de peur devant la vie), le héros dans son délire se croit étouffé par une foule qu'excite un cocher. Ce cocher, c'est évidemment celui qui a incité les serfs à tuer le père de l'auteur. Dans *Niétotchka Niézvanov*, un petit garçon s'accuse d'avoir causé la mort de ses parents parce qu'il ne les aimait pas, etc.

Ou la castration symbolique est acceptée ou elle est déniée

Pour ce qui est de la castration, deux possibilités peuvent être identifiées. Ou bien la « castration » – les psychanalystes parlent avec raison de castration symbolique – est acceptée ou bien elle est déniée. Déniée, la « castration » va trouver refuge dans l'inconscient. Il n'est alors pas besoin de dessin ! Nous savons – et nous l'avons vu ci-dessus – les dégâts que peuvent occasionner les choses lorsqu'elles s'enkystent dans l'inconscient. Pour Freud, ce moment qui fixe le destin de la « castration » se situe, au moins pour le petit garçon, lorsque « l'essai de se débarrasser du père comme rival » se heurte justement à la menace de « castration ». C'est par cette « angoisse de castration, donc dans l'intérêt de la conservation de la masculinité » que s'opère le renoncement à la mère et l'élimination du père rival. C'est donc bien la dimension menaçante de la castration qui permet le dénouement du conflit œdipien et organise la « relation-au-père » et, au-delà, « à-la-mère ». Dès lors, Stephan Zweig a raison lorsqu'il écrit dans *La Guérison par l'esprit* : « Le complexe d'Œdipe n'est plus autre chose qu'un de ces étais qui, une fois la construction terminée, peuvent être supprimés sans danger. »

Seulement voilà, cet état, exactement comme la vie vivante, doit se gagner. Et pour le gagner, pour le conquérir, il va falloir batailler. Oui, il va falloir batailler, contre nos parents, contre ceux-là mêmes qui nous ont nourris… et à cela, nous ne pourrons pas y « couper » !

> Le prince Piotr Alexandrovitch comprit, sans doute rapidement, qu'il avait outragé injustement Ikhméniev. Mais l'offense, de part et d'autre, était si grande qu'il ne restait plus un seul mot pour la paix. Et le prince irrité déploya tous ses efforts pour faire tourner le procès à son avantage, c'est-à-dire en fait pour enlever à son ancien intendant son dernier morceau de pain. (*Humiliés et offensés*)

Les Frères Karamazov

Qui ne désire pas la mort de son père ?

Pour Pierre Pascal, *Les Frères Karamazov* peut être ainsi résumé : « Une famille où le père figurera cette petite noblesse orgueilleuse de sa fausse culture occidentale, déracinée et sceptique, livrée sans frein ni loi à ses passions, ruinée et tentée de s'adapter au moderne capitalisme, et où plusieurs fils représenteront les diverses directions vers lesquelles la jeunesse peut s'orienter. Telle est la famille Karamazov. Ces fils portent en eux les tares héréditaires, mais jointes à des possibilités nouvelles. L'un est réservé et instruit, avec un fond moral, ce sera Ivan. Il perdra la raison. L'autre, Dmitri, est débordant de vie, bavard, vicieux, mais magnanime et sans prétentions intellectuelles. Le troisième a l'esprit simple, lui aussi, mais de plus le cœur pur. Il est la vie et l'avenir. Ce sera Aliocha. La tare dont nul n'est exempt, c'est la sensualité. Il s'y ajoute, chez tous sauf Aliocha, la soif de l'argent. Ces deux vices entraînent, entre le père et les fils, des conflits d'intérêts que dramatise une rivalité passionnelle. De là, le drame : le meurtre du père… L'assassin vrai ne sera pas Dmitri que tout semblait indiquer, mais un personnage d'abord habilement présenté comme un « sans-importance » : en réalité, un quatrième fils, illégitime celui-là, l'être qui porte à son plus haut point le mal contenu dans le père et figure jusque dans son nom la totale puanteur : Smerdiakov. »

Pour identifier son désir, il faut accepter le combat avec le père

À propos, que faisons-nous depuis le début si ce n'est que pour comprendre les difficultés qui s'opposent à l'identification de notre désir véritable nous pistons les résistances qui s'y opposent ?

> L'esprit n'ose pas se représenter consciemment le désir ni rien de semblable. (*L'Adolescent*)

Oui, que faisons-nous depuis le début si ce n'est que pour comprendre les difficultés qui s'opposent à l'identification de notre désir véritable nous cernons avec toujours davantage d'acuité ce qui nous apparaît maintenant comme de l'inéluctable : le combat avec le père ?... Oui très certainement, l'identification de notre désir véritable, et donc la compréhension de ce que nous voulons faire de notre vie, n'est possible qu'à la condition que nous acceptions le combat avec le père (c'est-à-dire avec les parents). Mieux, accepter le combat avec le père, c'est avoir déjà identifié notre désir, et donc compris ce que nous voulons faire de notre vie, et commencé à batailler pour gagner le droit de le mettre en acte et même, s'il le faut, de nous tromper.

> Il faut réinvestir le genre historique qui est possédé du désir de l'actuel : deviner et... se tromper. (*L'Adolescent*)

Combattre avec son père, ce n'est pas vouloir tout détruire

Avant cependant de nous lancer dans cette vaste entreprise de « démolition », que les choses soient bien claires : accepter le combat avec le père, ce n'est sûrement pas tout rejeter en bloc de l'éducation que peuvent dispenser les parents. Le risque sinon serait grand de nous retrouver comme le porc de la fable de Krylov, ce porc qui se gave de glands jusqu'à n'en plus pouvoir sans se soucier de dénuder les racines et de mettre en danger le chêne dont il ne voit pas à quoi il sert, alors que c'est de celui-ci qu'il tient les glands.

Combattre avec son père, c'est vouloir « tourner la page »

Accepter le combat avec le père, c'est avant tout accepter de « tourner la page » et renoncer à une « espèce » de confort où, protégés, nous subirions une « espèce » de vie par procuration dans l'ombre protectrice du désir des parents ; désir dont nous savons qu'ils le projettent pour leur enfant.

> Il y a des circonstances où l'on brûle ses vaisseaux et où l'on s'interdit même le retour au foyer paternel. La vie ne se compose pas seulement de déjeuners, de dîners et de princes Chtch... ! (*L'Idiot*)

Le combat contre les tentations du confort, c'est tout le combat que Balzac, par exemple, a dû mener pour refuser un travail qui, parce qu'il lui aurait pris trop de temps, lui aurait interdit de se consacrer à son œuvre. C'est d'ailleurs ce qu'il écrira à sa sœur Laure Surville : « Si j'ai une place, je suis perdu. Je deviendrai commis, une machine, un cheval de manège qui fait ses trente à quarante tours, boit, mange et dort à ses heures. Je serai comme tout le monde. Et l'on appelle vivre cette rotation de meule de moulin, ce perpétuel retour des mêmes choses ! »

C'est aussi ce même mouvement qui quelques années plus tard poussera Dostoïevski à entériner des choix tout aussi difficiles à assumer. « Comment rester dans un bureau à dessiner des plans quand on ne pense qu'à la gloire et à la mission d'écrire ? » se demandera-t-il lorsqu'il donnera sa démission de lieutenant du génie. Il a alors son programme de vie qu'il a confié, voici quatre ans maintenant, à son aîné (août 1839). « J'ai confiance en moi. L'homme est un mystère. Il faut le percer et si cela demande toute la vie, qu'on ne dise pas qu'on a perdu son temps. Pour moi, je travaille ce mystère car je veux être un homme. »

Ce qui était vrai pour Dostoïevski est toujours vrai pour nous

Tenir ce type de raisonnement et assumer des choix aujourd'hui n'est ni plus facile ni plus difficile qu'hier. Seuls les risques encourus ont connu quelques modifications. Et encore ! Ainsi, au risque de mise au ban de la société qu'il fallait payer hier pour le refus d'un confort « facile » s'est substitué de nos jours le risque de la précarité de l'emploi et du chômage. Or, et nous devons en convenir, le chômage, de par ses conséquences sur le long terme, ressemble à s'y méprendre à ce que pouvait être le risque d'exclusion hier.

> Il faut savoir un jour descendre l'escalier, mettre son manteau et ouvrir devant soi la porte de la rue. (*Crime et Châtiment*)

Ce qui importe, c'est de savoir ce qu'on veut faire de sa vie

Si une fois encore il faut savoir et être clairs sur ce que nous voulons faire de notre vie… n'abandonnons pourtant pas trop vite cet exemple douloureux. Mieux même, profitons en « lâchement » pour remarquer que ce moment qui signe en quelque sorte l'heure du choix est tout à fait intéressant. Ne marque-t-il pas en effet très précisément la volonté de s'inscrire dans la vie vivante et de se confronter aux véritables difficultés ? Notamment, dans ce que nous identifions comme la plus fondamentale d'entre elles : le combat avec les parents ou, plus exactement, le combat contre leur désir qu'ils nourrissent à notre encontre et qu'ils projettent sur nous.

Aussi, devons-nous accomplir un effort encore et nous persuader qu'accepter le combat avec le père, c'est prendre un risque. Ce risque, au-delà de l'identification de notre désir, concerne sa mise en œuvre, c'est-à-dire les actions qui vont tendre à le rendre visible « à la face du monde » et s'il le faut « seul contre tous » (c'est-à-dire pour faire simple, hors le concours et la protection des parents voire même contre leur concours). C'est une fois encore toute l'histoire de Balzac. En effet comme le souligne Stephan Zweig, prédestiné pour prendre la direction d'une étude notariale, la biographie de Balzac aurait pu être écrite par Flaubert comme celle d'un autre Bouvard et Pécuchet, modèle du bon bourgeois dans une carrière normale. Et voilà que le feu de la révolte, contenu et étouffé depuis des années chez Balzac, flambe enfin. Au printemps 1819, il se lève soudain un beau jour du tabouret du notaire où il officiait. Il en a assez et pour toujours de cette existence qui ne lui a pas donné une seule journée de liberté et de bonheur. Résolument, il redresse la tête pour la première fois devant ses parents et déclare sans précautions oratoires qu'il ne veut être ni avocat, ni notaire, ni juge, ni fonctionnaire. Pas de profession bourgeoise, quelle qu'elle soit ! Oui, il est résolu à devenir écrivain.

Renoncer au désir des parents, c'est renoncer à les soigner

Accepter le combat avec le père (et la mère bien sûr), c'est opposer comme Balzac avec toute la force dont nous pouvons être capables ce que Max Weber appelle la force de conviction (c'est-à-dire « ce que j'ai envie de faire ») à la force de possibilité (c'est-à-dire « ce que mes parents m'autorisent à faire »). Cela aussi c'est très intéressant. C'est très intéressant parce que cela veut dire que refuser de faire nôtre le désir que les parents projettent pour nous, c'est aussi renoncer à vouloir les soigner ou, mieux même, à vouloir se faire parents de nos parents.

Cette nuit obscure où retentit le cri de « parricide ! »

De ce combat, nous le sentons bien, l'une des parties va mourir. Voilà pourquoi, accepter ce combat, c'est accepter en quelque sorte l'éventualité du parricide. Ainsi rapporte Freud, toujours dans *Dostoïevski et le parricide* : « Sur la fin des *Frères Karamazov*, il y aura un père assassiné qui par bien des traits rappelle le père de l'auteur (même les noms des deux villages qu'il possédait se retrouvent là). » « Qui ne désire pas la mort de son père ? » demandera Ivan Fiodorovitch au procès de son frère Dmitri accusé de parricide.

Si nous revenons ci-dessous sur « l'acceptation du parricide » – un parricide symbolique bien sûr, exactement comme nous avons pu parler de castration symbolique – précisons dès à présent qu'accepter le combat avec le père, même s'il est certainement le plus difficile, n'est pas le seul combat à mener pour travailler à la concrétisation de son désir. Et de loin s'en faut !

En effet, si un proverbe met en garde contre le fait de servir deux maîtres en même temps, il faut bien convenir que le pauvre *moi* en voit de plus dures encore et même de toutes les « couleurs » puisqu'il est amené à servir trois maîtres sévères avec l'impératif d'accorder entre elles leurs revendications et exigences souvent incompatibles. Rien d'étonnant alors à ce que le *moi* échoue si souvent dans sa tâche. Ces trois despotes, ce sont le monde extérieur (l'environnement, les potentialités et les chausse-trappes que celui-ci recèle), le *surmoi* (nous l'avons vu, c'est tout ce qui nous remplit du rapport aux parents) et le *ça* (nos instincts et pulsions qui parfois se font nos alliés, c'est le cas souligné ci-dessus de l'inconscient protecteur, et parfois nos ennemis, c'est le cas lorsque nous organisons nous-mêmes et pour nous-mêmes, comme des « grands », nos propres sabotages, ce que nous verrons ci-dessous).

Parricide symbolique contre castration symbolique

Mort de l'un… ou mort de l'autre… Une mort symbolique bien sûr mais une mort tout de même… Souvenons-nous de Neil, nous l'avons laissé alors qu'il avait identifié son désir… être comédien et faire du théâtre… Retrouvons-le maintenant au retour de l'audition – il s'agissait de décrocher le premier rôle masculin pour *Le Songe d'une nuit d'été* de Shakespeare. En effet, ce n'est pas tout d'avoir identifié ce qu'il voulait faire de sa vie. Non, ce n'est pas tout d'avoir convaincu le metteur en scène qu'il était l'homme de la situation, ni même d'avoir obtenu le rôle principal. C'est peut-être regrettable mais c'est ainsi ! Il faut maintenant qu'il passe l'obstacle du désir que ses parents ont projeté pour lui.

« Papa ?
— Oui.
— Avant que tu me dises quoi que ce soit, je vais t'expliquer.

— Je t'interdis de discuter. C'est déjà bien assez grave que tu aies perdu ton temps avec ces bêtises de saltimbanque. Mais en plus, tu m'as menti délibérément. Tu espérais que je ne verrais rien. Réponds-moi ! Qui t'a mis tout ça en tête ? C'est comment déjà... C'est monsieur Keating ?
— Nooon. C'est personne. Je voulais faire la surprise. C'est tout. J'ai eu la note maximum dans toutes les matières...
— Suffit ! Demain, tu vas les voir et tu leur dis que tu abandonnes.
— Non, ça non... J'ai le rôle principal et la pièce doit passer demain soir.
— Écoute, même si le monde peut s'écrouler demain, tu ne joueras pas cette pièce. Est-ce clair... Est-ce que c'est clair ?...
— Oui (un « oui » résigné et bouleversé).
— J'ai fait d'immenses sacrifices afin de t'inscrire ici... et je ne veux pas que tu me déçoives. »

Alors la mort ? Nous y sommes presque. Nous tournons les pages et nous arrivons à l'avant-dernier épisode du livre de Kleinbaum. Ultime dialogue... Ultime tentative de Neil pour expliquer à son père son désir de faire du théâtre.

« Ta mère et moi, on essaye de comprendre pourquoi tu t'obstines à devenir bête. Mais, quoi qu'il en soit, nous t'empêcherons de briser ta vie. Dès demain, je te retire de l'école, je t'inscris à l'Académie Militaire et, ensuite, tu iras à Harvard et tu feras ta médecine.
— Mais, ça fait au moins dix ans, une vie entière presque.
— Ah, tais-toi ! Ne dramatise pas ! À t'entendre, c'est pire que la prison. Essaie de t'en rendre compte Neil, tu as en main des chances dont je n'osais même pas rêver. Je n'accepterai pas que tu les gâches.
— Est-ce que tu sais seulement ce que je pense. Oui... est-ce que tu sais seulement ce que je veux ?
— Qu'est-ce que c'est que tu veux ? C'est toujours... cette histoire de théâtre ? Parce que ça, tu peux l'oublier. Alors qu'est-ce que c'est ? Mais parle, nom de nom !
— ... Rien.
— Ahhh... ce n'est rien... Dans ce cas, allons dormir. »

Il n'est plus besoin de tourner les pages. Non, vraiment plus. Nous sommes à la fin. Image arrêtée... que voyons-nous ? Neil, un Neil désespéré. Et que fait-il ? Il se suicide. Où ? Dans le bureau de son père. Avec quelle arme ? L'arme de son père... bien sûr.

(Œdipe au Chœur – Komos)
Si j'étais mort en ce temps là,

ni moi ni mes amis n'aurions pareil chagrin !
...
Je ne serais pas venu,
je n'aurais pas tué mon père, on ne m'appellerait pas
« l'époux de celle qui lui donna le jour. » (*Œdipe Roi*)

Identifier son désir, c'est forcément risquer la mort

Tout est là. Tout de ce qui peut expliquer pourquoi c'est si difficile d'identifier son désir. C'est difficile d'identifier son désir et de comprendre ce qu'on veut faire de sa vie parce que forcément c'est risquer la mort. Et si c'est risquer la mort, c'est parce que cela renvoie au premier combat contre le père. Oui, cela renvoie aux plus forts archaïsmes de son existence quand oser se dresser contre le père c'était risquer la castration ; quand oser s'élever contre le père c'était risquer d'être rejeté, d'être abandonné et donc d'avoir à se débrouiller seul. Or, et les enfants le savent bien, tout seul, le petit de l'homme ne peut pas vivre.

Et si ce n'est pas risquer la mort, c'est forcément risquer la folie

Si identifier notre désir et comprendre ainsi ce que nous voulons faire de notre vie, ce n'est pas risquer la mort... alors, c'est forcément risquer la folie. Le film *Shine* qui relate une histoire vraie – celle de David Helfgott – le montre de façon remarquable. Que raconte ce film ? Au départ, nous avons un père. Ce père, enfant, voulait être violoniste. Ce désir véritable va tenir jusqu'à ce que son propre père, dans une sombre colère, lui casse son violon. Quand des années plus tard, à son tour, il aura un fils, il voudra (au moins est-ce son désir conscient pour son fils) que celui-ci devienne un grand pianiste. Mais au moment où il ne peut plus lui enseigner la musique car son fils, pour progresser encore, aurait besoin d'un maître bien supérieur à lui, il va tout faire pour s'opposer à son départ. Bien que torturé par la culpabilité, le fils va choisir de suivre son désir véritable. Il contrevient au père. Il part de la maison, prend des cours et joue ce qu'il avait toujours rêvé jouer : le troisième concerto de Rachmaninov (une œuvre considérée comme la plus difficile – la seule certainement qui puisse refléter pleinement le génie musical de David Helfgott). À la fin du concert, à la fin de ce qui apparaîtra finalement comme sa propre « punition », il est victime d'une attaque dont il se relèvera « fou » (pour la petite histoire, à compter de 1984, grâce à la vigilance de sa femme, c'est le début de la résurrection et la victoire d'un homme sur la folie).

Smerdiakov à Ivan : « Vous étiez incapable de tuer, et vous ne le vouliez pas. Mais, qu'il fût tué par un autre, cela vous le vouliez !... La raison d'Ivan n'y tient plus. Rentré chez lui, il succombe au mal qui le menaçait depuis longtemps. (*Les Frères Karamazov*)

Pourquoi les enfants battus, battent leurs enfants ?

Avant de poursuivre, octroyons-nous une petite pause (dont nous ne nous cacherons pas longtemps qu'elle a à voir bien évidemment avec ce que nous racontons) pour réfléchir un instant à cet apparent paradoxe : « Pourquoi le père de David dont le désir conscient était que son fils devienne un virtuose s'est-il organisé pour le lui interdire ? »

Comme souvent, la réponse a à voir avec sa propre enfance. Comme son père avait brisé son violon et en même temps son désir véritable : devenir un virtuose, il va reproduire avec son fils le même schéma.

Pour s'exonérer de sa folie, l'individu la projette sur ses enfants

Et là... nous avons la réponse à la question que nous ne pouvons pas ne pas nous être posés un jour, tellement celle-ci semble nous dépasser : « Pourquoi les enfants battus, une fois devenus adultes, battent-ils à leur tour leurs propres enfants ? » La réponse est celle-ci : ces enfants, parce qu'ils se trouvent en face d'une telle incompréhension, ne vont avoir de cesse, et ce toute leur vie, de mettre en œuvre tout ce qu'il leur est possible de mettre en œuvre pour comprendre ce qui malheureusement demeure de « l'impossible à comprendre » : « Comment leurs propres parents ont-ils pu les battre ? » Et, parce qu'aucune réponse n'est évidemment possible – c'est justement cela « l'impossible à comprendre » – ils vont s'organiser (tout cela est inconscient bien sûr) pour reproduire le comportement qu'ils ont subi. De sorte que tout se passe comme s'ils disaient : « La preuve que nos parents ne pouvaient pas faire autrement que de nous battre, c'est que nous aussi nous battons nos propres enfants. Nous non plus nous ne pouvons pas faire autrement. »

Pour le père de David Helfgott, c'est exactement le même mouvement. Parce que son père a brisé son désir de devenir virtuose et donc ce qu'il voulait faire de sa vie (en brisant son violon), il va tout mettre en œuvre pour briser la carrière de son fils en lui interdisant de progresser au moment même où il devenait évident que celui-ci pourrait devenir un virtuose à la condition naturellement qu'on lui en donne les moyens.

S'exonérer de sa folie, c'est donner du sens à l'insensé

Et c'est là que nous rebouclons sur le désir. Parce que castré symboliquement par son propre père, parce que renvoyé à la « case départ » d'un complexe d'Œdipe toujours effectif (ce qui explique que la castration est toujours efficiente), le père de David, par soumission au désir de son propre père, va tout faire pour à son tour castrer son propre fils et le soumettre à son désir. Pour lui, agir ainsi, c'est la seule façon de « donner du sens à l'insensé », c'est-à-dire aux agissements de son propre père. Tout se passe comme s'il disait : « Ainsi donc, il ne pouvait pas faire autrement que de casser mon violon. » Et, parce que nous comprenons bien qu'agir de la sorte, c'est paradoxalement se redonner des repères (les psychanalystes ici ne manqueraient pas d'écrire *re-pères*) et donc éviter de devenir fou, nous comprenons bien que pour s'exonérer de sa propre folie, il va la projeter sur son propre fils.

Affronter le père, c'est accepter sa mort ou la sienne propre

C'est donc aussi, beaucoup pour cela, qu'au-delà de l'identification de son désir, l'individu n'a pas d'autre possibilité que d'affronter le père mais surtout, que s'il veut avoir une chance de succès, il n'a pas d'autre possibilité que d'accepter la mort.

Accepter sa propre mort

S'il s'agit de sa propre mort… c'est là revisitée toute la tragédie d'Antigone. En effet, qu'est-ce que raconte cette tragédie si ce n'est l'identification par Antigone de son désir véritable, un désir de vérité et le nécessaire combat à mener contre Créon (parce qu'il est le Roi, Créon symbolise le père) ? « Connaissais-tu mon édit ? » lui demandera Créon.

(Les deux frères d'Antigone sont tombés sous les coups l'un de l'autre – Antigone à Ismène)

« La sépulture due à nos deux frères, Créon ne prétend-il pas l'accorder à l'un et en spolier l'autre ? On dit qu'il a enseveli Étéocle selon le rite afin de lui assurer auprès des morts un accueil honorable. Et c'était son devoir ; mais le malheureux Polynice, il défend par édit qu'on l'enterre et qu'on le pleure : il faut l'abandonner sans larmes, sans tombe, pâture de choix pour les oiseaux carnassiers ! »
…
(Antigone s'est décidée à ensevelir Polynice et à le soustraire à la proie des oiseaux et des chiens – Antigone à Ismène, toujours)
« Créon n'a pas de droit sur mon bien… Pour une telle cause, la mort me sera douce. »

Accepter la mort de « l'autre »

Et s'il s'agit de la mort de « l'autre »… comment cela s'appelle-t-il si ce n'est un parricide ? Et puis d'ailleurs c'est vite dit « parricide ». Car après tout, est-ce que le meurtre d'un père fatalement « ennemi » peut être considéré comme un parricide ? Pas nécessairement dira Sophocle dans *Œdipe à Colone*, invoquant le principe de responsabilité : « Parricide ? Non pas, mais victime. »

> Non, le meurtre du père n'est pas un parricide. Pareil crime n'en est pas un. Non, ce n'est pas un parricide. Non, le meurtre d'un tel père (et tous les pères sont de « tels pères » – nous nous souvenons des « Padre ») ne peut être assimilé que par préjugé à un parricide ! (*Les Frères Karamazov*)

Il n'empêche, ce n'est pas rien quand même un parricide. En effet, et par définition, parce que cela signifie le « meurtre » du père. Jones montre ainsi dans *Hamlet et Œdipe* que la répugnance d'Hamlet à accomplir sa vengeance provient de la réactivation par le meurtre de son père de son complexe d'Œdipe refoulé au moment de l'enfance. Hamlet hait Claudius et le jalouse pour avoir pris auprès de sa mère la place qu'il désirait secrètement occuper. Hamlet ne supporte pas d'ajouter le parricide à l'inceste. De là la frustration intime et les atermoiements face à l'exigence paternelle de vengeance. Une part de lui-même tente de mener à bien sa tâche, une autre cherche sans cesse à en esquiver la pensée… Il est déchiré par un conflit insoluble.

Accepter ce combat mortel oblige à gérer sa propre culpabilité

Le plus difficile peut-être, il va falloir nous organiser avec notre propre culpabilité. Autrement exprimé, « tuer » son père n'est rien. Non, ce n'est rien si nous ne sommes pas capables de l'assumer.

> Nous sommes tous des monstres mais de tous je (Dmitri) suis le plus vil ! À mes pareils il faut pour se relever un coup de foudre. J'accepte le tourment de ma prison et de ma honte. Je veux souffrir et la souffrance me purifiera. Cependant, écoutez-moi : du sang de mon père je suis innocent ! J'accepte... non de l'avoir tué mais pour avoir voulu le tuer... (*Les Frères Karamazov*)

Accepter ce combat mortel oblige à reconnaître le père

Enfin, et nous ne pouvions pas clore ce qui précède sans dire que tout ceci n'est opérant qu'à une condition : qu'il y ait « reconnaissance » du père. Oui, pour tuer le père, encore faut-il savoir qui il est. C'est là toute l'histoire de « *L'Adolescent* ». Qu'y voit-on ? Un adolescent d'une « famille de hasard » qui cherche à comprendre son père qui l'avait pratiquement abandonné. Voilà pourquoi aussi, il ne faudrait pas jeter la pierre à ceux ou à celles qui voudraient déterrer des morts et entreprendre des recherches de paternité. C'est tout de même drôlement important de savoir qui est son père. Oui, c'est drôlement important... surtout si c'est pour le tuer.

Crime et Châtiment

Le « travail » de la culpabilité

Œdipe au Serviteur – fin du quatrième épisode
(*Œdipe Roi*)

Ah ! malheur ! Tout finirait donc par prendre sens.
Ô lumière, je voudrais aujourd'hui te contempler
pour la dernière fois !
Tel j'apparais : le fils qui n'aurait pas dû naître, l'époux
de celle qu'il ne fallait pas épouser, le meurtrier de ceux que je
n'aurais pas dû tuer !

La culpabilité, c'est un prix à payer dont on ne s'acquitte jamais

Si, dans la tragédie de Racine, Phèdre souffre de son amour indigne pour Hippolyte, fils de son époux Thésée, l'exemple le plus fort du prix à payer en rançon de la culpabilité demeure très certainement l'*Œdipe Roi* de Sophocle. Parce qu'il a commis le parricide et l'inceste, parce qu'il est celui qui n'aurait pas dû vivre et parce qu'il est celui qui a échappé à l'infanticide, Œdipe, c'est avant tout l'histoire d'un homme qui comprend enfin l'énigme qu'il était à lui-même avant d'être immédiatement écrasé par la culpabilité. C'est donc pour se punir – c'est là qu'intervient le prix à payer – qu'il se crève les yeux.

(Le Messager du palais – Exodos)
Elle déplorait sa couche où, vouée deux fois au malheur,
elle avait conçu un mari d'un mari, et des enfants de son enfant.
…
Et là nous voyons sa femme pendue,

étranglée aux nœuds d'un hamac. À ce spectacle,
le malheureux se met à hurler, c'était épouvantable.
Il détache la corde qui pendait en l'air et, quand l'infortunée
fut étendue à terre, ce qu'on vit, vraiment, fut horrible.
Arrachant les agrafes en or
qui ornaient les vêtements de sa femme,
il les brandit et en frappe les globes de ses yeux. (*Œdipe Roi*)

C'est cela la culpabilité, cet « incroyable » à payer dont nous ne nous acquittons jamais vraiment.

> Je ne sais pas… (C'est Natacha qui parle et qui souffre de ce que Aliocha la délaisse). Il faut souffrir jusqu'au bout pour notre bonheur futur. Oui, il faut l'acheter au prix de nouveaux tourments. La souffrance purifie tout… Oh ! Vania, comme on souffre dans l'existence ! (*Humiliés et offensés*)

Et le fait est que nous sommes toujours naïvement surpris par les chemins qu'elle emprunte et la violence avec laquelle elle peut se déchaîner. La culpabilité légitime tout. Oui tout ! Jusqu'à la souffrance !

> La souffrance comme la douleur sont inséparables d'une haute intelligence et d'un grand cœur. Il me semble que les vrais grands hommes doivent éprouver une immense tristesse sur terre. (*Crime et Châtiment*)

La culpabilité chez Dostoïevski

Ainsi de « Dostoïevski » ! Pour Assoun, l'examen de ce cas donne lieu à une assimilation qui constitue le coup d'audace freudien dans le registre de la paternité : « Le meurtre du père est, en effet, selon une conception connue le meurtre principal et originaire de l'humanité comme de l'individu. » Ici et là, même épreuve et même travail, même délit et même expiation. La névrose (la voici ainsi qui resurgit) matérialise la conversion de l'acte primitif en « réalité psychique ». D'un côté donc le geste fatidique, de l'autre la « conscience coupable », avec son cortège « d'impulsions » et de « motions affectives », qui mine en quelque sorte la violence primitive. Et c'est peut-être dans les affres de la pensée compulsionnelle que le meurtre du père se fait le plus sensible à l'intériorité psychique. À vrai dire, la « preuve » du meurtre, c'est justement cette manifestation symptomatique.

À la mort de son père, Dostoïevski va payer ses sentiments

Nous le savons, nous l'avons déjà mentionné, Dostoïevski n'aimait pas son père. Aussi, le crime accompli, a-t-il pu se sentir coupable. Dostoïevski a huit ans quand son père, cet homme de bien et de devoir, sentimental et peu phraseur, mais que ses serfs nomment « la bête fauve », est trouvé mort. Il a été assassiné par son cocher et ses moujiks lassés de sa cruauté. Son crâne est fracassé et son sexe est écrasé entre deux grosses pierres. « Vengeance » constatera simplement le procès-verbal de police.

Il va donc chercher à se punir et la punition sera le prix à payer

Parce que Dostoïevski s'est senti coupable, il a cherché la punition de sa faute (toujours ce fameux prix à payer). Pourquoi ? Parce que la relation entre Dostoïevski et son père, tout en conservant son contenu, s'est transformée en une relation entre son *moi* et son *surmoi*. Autrement exprimé : une nouvelle mise en scène sur une seconde scène. De telles réactions infantiles, provenant du complexe d'Œdipe, peuvent disparaître si la réalité ne leur apporte aucun aliment nouveau. Mais le caractère du père demeure le même... Bien plus, il se détériore avec les années. C'est ce qui explique que la haine de Dostoïevski envers son père et son vœu de mort contre ce mauvais père demeureront quasi intacts. Or et Freud le dira dans *Dostoïevski et le parricide* : « Il est dangereux que la réalité accomplisse de telles pulsions refoulées. » Le fantasme est devenu réalité et toutes les mesures se trouvent alors renforcées. Pour Freud, les attaques de Dostoïevski revêtent maintenant un caractère épileptique. Elles ont toujours le sens d'une identification avec le père comme punition mais elles sont devenues terribles, comme le fut la mort effrayante de son propre père. Quel contenu ont-elles reçu plus tard et particulièrement quel contexte sexuel ? Il est là par contre impossible de le deviner.

Ce prix à payer, ce sera la maladie, les crises d'épilepsie

Le symptôme – ici les crises d'épilepsie – rend compte d'une certitude : Dostoïevski ne se libérera jamais du poids que l'intention de tuer son père laissera sur sa conscience (il peut être d'ailleurs intéressant de noter qu'il n'est pas – à de très rares exceptions – de romans de Dostoïevski où l'on ne retrouve pas un ou plusieurs personnages qui présentent des caractères épileptiques). Voilà pourquoi, il a si bien accepté sa condamnation à mort, et « l'exécution », comme une purification, mieux même comme un martyr pour lequel il lui serait beaucoup pardonné – une forme de *Crime et Châtiment* avant l'heure en quelque sorte. Il n'est donc pas faux de penser que son activité attentatoire à l'autorité du « petit-père », le tsar, peut être considérée comme une réitération de son parricide en intention !

Nous cotisons tous au « travail » de la culpabilité

Oui certainement, la culpabilité est quelque chose de tout à fait étonnant. Aussi et dans ce même mouvement, comme Dostoïevski lui-même, dans son *Journal d'un écrivain* reprendra cet épisode, pouvons-nous prendre appui sur un passage d'*Enfance et Adolescence* du comte Tolstoï (c'est là d'ailleurs quelque chose de toujours savoureux de constater combien il nous est facile de déceler la culpabilité comme fondement sous-jacent de beaucoup des actions des personnes qui nous entourent – c'est là le cas de Dostoïevski par rapport aux écrits de Tolstoï – alors qu'il nous est si difficile de la reconnaître lorsqu'il s'agit de nous).

Nous sommes tous ce petit garçon que racontera Tolstoï

Il y a là un petit garçon. Mais ce n'est pas un simple petit garçon. Il n'est pas comme les autres enfants. Il n'est pas comme son frère Volodia. Il n'a que douze ans mais dans sa tête et dans son cœur, passent déjà des pensées et des sentiments qui ne sont pas ceux des enfants de son âge. Il s'adonne déjà passionnément à ses rêveries et à ses sensations, et il sait déjà qu'il vaut mieux les garder pour soi… Et voici que chez eux, dans leur grande demeure familiale de Moscou, se trouvent réunis des invités. C'est le jour de la fête de sa sœur. Avec les grandes personnes arrivent aussi des enfants, des garçonnets comme lui et des fillettes. Les jeux, les danses ont commencé. Notre petit garçon est emprunté. C'est lui qui danse le plus mal, il veut faire de l'esprit et n'y réussit pas, et il y a justement là tellement de jolies fillettes, et puis cette perpétuelle pensée, ce perpétuel soupçon qu'il est le plus laid de tous. Désespéré, il est décidé à tout pour étonner tout le monde… Aussi soudain, ne se connaissant plus, avec le sentiment que nous éprouvons en nous jetant dans un abîme ouvert sous nos pieds, il tire la langue à son gouverneur et le frappe du poing de toutes ses forces ! « Oui, maintenant, ils savent tous ce qu'il est, il leur a montré ! » Alors, on le traîne honteusement dehors et on l'enferme dans le débarras. Comme il se sent perdu et cette fois à jamais, le garçonnet se met à rêver : il s'est sauvé de chez lui, il s'engage dans l'armée, il est sur le champ de bataille, il tue beaucoup de Turcs et il tombe blessé. Victoire ! « Où est notre sauveur ? » crie-t-on de toutes parts, on l'entoure et on l'embrasse. Le voici maintenant de retour à Moscou, il s'avance sur le boulevard de Tvier, le Souverain l'accueille… Mais soudain, la pensée que la porte va s'ouvrir et que le gouverneur va entrer le fouet à la main disperse comme poussière toutes ces rêveries. D'autres les suivent. Il découvre soudain la raison pour laquelle « personne ne l'aime » : il est probablement un enfant trouvé et on lui cache… Un ouragan se déchaîne en lui. Voilà qu'il est mort, on entre dans le débarras et on trouve son cadavre : « Pauvre petit ! »… Tout le monde le plaint. « C'était un bon petit garçon ! C'est vous qui l'avez tué » dit son père au gouverneur… et les larmes étouffent le rêveur.

Nous sommes tous ce personnage que racontera Flaubert

Cette incapacité à se « débrouiller » du poids de la culpabilité, c'est tout autant l'histoire *de saint Julien l'Hospitalier* que raconte Flaubert. À la fin du jour, Julien se présenta devant sa femme. D'une voix différente de la sienne, il lui commanda de ne pas lui répondre, de ne pas l'approcher, de ne plus même le regarder, et qu'elle eût à suivre sous peine de damnation tous ses ordres qui étaient irrévocables. Les funérailles de ses parents qu'il avait assassinés seraient faites selon les instructions qu'il avait laissées par écrit sur un prie-Dieu dans la chambre des morts. Il lui abandonnait son palais, ses vassaux, tous ses biens, sans même retenir les vêtements de son corps et ses sandales que l'on trouverait au haut de l'escalier… Alors, il s'en alla, mendiant sa vie par le monde… Il rechercha les solitudes, mais le vent apportait à son oreille comme des râles d'agonie. Les larmes de la rosée tombant par terre lui rappelaient d'autres gouttes d'un poids plus lourd. Le soleil, tous les soirs, étalait du sang dans les nuages… Et chaque nuit, en rêve, son parricide recommençait.

Nous sommes tous un peu et toujours Œdipe Roi

Dans ce même mouvement d'impuissance à « négocier » avec notre propre culpabilité, c'est bien sûr et toujours *Œdipe Roi*.

(Jocaste à Œdipe – fin du deuxième épisode)
Tu peux te libérer des accusations dont tu parles :
écoute-moi et apprends comme tout ce qui concerne la vie humaine
échappe à l'art divinatoire.

Un oracle, autrefois, parvint à Laïos, non pas de Phoibos lui-même,
mais par l'intermédiaire de ses serviteurs :
la destinée qui l'attendait, c'était de mourir sous les coups du fils qui allait naître de son union avec moi.
…
Quant à l'enfant, trois jours ne s'étaient pas écoulés depuis sa naissance, que Laïos lui attacha les chevilles
et chargea quelqu'un de l'exposer sur une montagne déserte.
…
Mais la parole de Dieu s'est faite clairement entendre :
moi le parricide, l'impie, il faut me mettre à mort !

Si nous ne pouvons pas « négocier » avec notre propre culpabilité, peut-être pouvons-nous nous organiser avec ? Autrement dit, si nous ne pouvons pas échapper à la culpabilité qui semble fonctionner selon la loi du « tout-ou-rien » : « Oui, je culpabilise » ou : « Non, je ne culpabilise pas », pouvons-nous nous en protéger, à tout le moins, pouvons-nous en minimiser son tribut ?

Se protéger de la culpabilité, c'est se protéger de ses sabotages

Nous avons commencé à le voir, parce que nous culpabilisons, nous organisons nos propres sabotages. Ainsi, que fait Dostoïevski lorsqu'il se rend malade (au sens littéral du terme), si ce n'est qu'il organise le sabotage de ses propres potentialités physiques mais aussi intellectuelles puisqu'il se trouve alors dans l'incapacité de produire ?

Évidemment, Dostoïevski n'est pas comme Tolstoï un seigneur dans son domaine. Citadin sans fortune, c'était un écrivain qui ne vivait que de sa plume. Jusque-là, nous sommes bien d'accord, rien que de très normal. Seulement voilà, il s'est toujours organisé pour créer dans l'angoisse et la maladie avec une énergie surhumaine. Alors, bien sûr… : « Encore la maladie ! » pourrions-nous dire ? Et de fait, est-ce vraiment sérieux de vouloir une fois encore lui faire porter le chapeau de nos « maux » et considérer celle-ci comme un processus qui vise à organiser nos propres sabotages ?… Car après tout nous avons bien « le droit » d'être malade… Et pourtant, il n'empêche… Aussi, considérons au moins que Dostoïevski a tout de même accumulé les épreuves (nous allions « dire » *les preuves*). Ainsi, quant à la maladie, il ajoute « l'enfer de la roulette » et la faillite –

nous savons qu'il ne s'arrêtait pas de jouer avant d'avoir tout perdu – ne pouvons-nous pas considérer le jeu comme étant pour lui une voie vers l'autopunition ? Et cela, c'est tout de même un signe de névrose qui ne peut être contesté ! Son témoin le plus proche, sa femme, avait ainsi remarqué que la seule chose dont en réalité ils pouvaient attendre le salut, la production littéraire, n'allait jamais mieux que lorsqu'ils avaient tout perdu et engagé leurs derniers biens. Bien entendu, elle ne saisissait pas le rapport. Quand le sentiment de culpabilité de Dostoïevski était satisfait par les punitions qu'il s'était infligé, alors son inhibition au travail était levée et il s'autorisait à faire quelques pas sur la voie du succès. Sa femme relate ainsi : « Il restait à la table de jeu jusqu'à ce qu'il ait tout perdu, jusqu'à ce qu'il soit totalement ruiné. C'est seulement quand le désastre était tout à fait accompli qu'enfin le démon quittait son âme et laissait la place au génie créateur. »

Tous, célèbres ou non, nous organisons nos propres sabotages

Dostoïevski n'est pas le seul à avoir organisé ses propres sabotages. Balzac s'organisait au moins aussi bien pour accumuler les dettes et se mettre dans les situations les plus humiliantes. Hors les sabotages, nous devons être convaincus que Dostoïevski comme Balzac auraient créé davantage encore et même mieux. « Je sens dans ma tête quelque chose et, si j'étais tranquille sur ma fortune, c'est-à-dire si je n'avais pas des obligations à remplir, si j'avais ma pâtée et ma niche et une Armide, je travaillerais à des choses solides ; mais il faut se séparer du monde pour cela et à chaque pas j'y rentre » écrira Balzac à sa sœur Laure Surville.

Malheureusement, les hommes sont comme le papillon. Ils se précipitent d'eux-mêmes vers la flamme.

> Mes frères se perdent, poursuivit Aliocha, mon père également. Ils en entraînent d'autres avec eux. C'est la *force de la terre*, spéciale aux Karamazov, selon l'expression du Père Païsus, une force violente et brute. (*Les Frères Karamazov*)

Organiser ses propres sabotages, c'est vouloir se castrer

Organiser nos propres sabotages, c'est vouloir nous détruire, c'est vouloir nous castrer. Tout se passe comme si l'individu disait à son père : « Tu vois, ce n'est pas la peine que tu le fasses, c'est déjà fait. » C'est là très certainement revisitée une reviviscence à l'âge adulte du complexe d'Œdipe

> Son irrésolution était parfois si profonde que Goliadkine devait s'arrêter sur place comme pétrifié au milieu du trottoir : cet instant-là était une agonie, un désir d'anéantissement. (*Le Double*)

> … et comme Polzounkov ressentait en cette minute toute l'impuissance de sa position. (*Polzounkov*)

Si donc, organiser nos propres sabotages, c'est vouloir nous castrer – pour la petite histoire, selon Juvénal, la vieille tradition romaine condamnait les parricides à être jetés dans la mer, enfermés dans un sac avec un coq, un singe et un chat – ce peut être aussi vouloir mourir. La frontière avec le suicide est alors bien fragile.

> Un homme peut se tuer exprès pour s'attirer des compliments ou par dépit de n'en avoir pas reçus. N'est-ce pas la même chose pourtant, dès lors que l'on considère le poids de la vie comme le père et l'autre, le désir d'être regardé du père. (*L'Idiot*)

De la question du suicide

« Être ou ne pas être – qu'il faut comprendre comme être vivant ou être mort – telle est la question » demandera Hamlet.

> Y a-t-il plus de noblesse d'âme à subir la fronde et les flèches de la fortune outrageante ou bien à s'armer contre une mer de douleurs et d'y faire front pour y mettre fin ? Mourir… dormir, rien de plus… et dire que par ce sommeil nous mettons fin aux maux du cœur et aux mille tortures naturelles qui sont le lot de la chair : c'est là un détournement que nous devons souhaiter avec ferveur. (*L'Idiot*)

Nous l'avons vu, le comportement névrotique est celui de quelqu'un qui crie au secours (la névrose, cela sert à dire…). Quand cet appel au secours n'est pas entendu, cela se termine par de l'agressivité. Une agressivité qui, lorsqu'elle ne peut plus s'exprimer sur l'extérieur, peut encore s'exprimer sur la personne propre. Cela peut alors aller jusqu'au suicide.

> Mitia se leva, s'approcha de la fenêtre. La pluie fouettait les petites vitres verdâtres. On voyait la route boueuse et plus loin les rangées d'isbas sombres et pauvres que la pluie rendait plus misérables encore. Mitia se rappela « Phébus aux cheveux d'or » et son intention de se tuer « dès les premiers rayons ». (*Les Frères Karamazov*)

> Pour Stéphane Trophimovitch, il y a deux catégories : ceux qui se tuent à cause d'une grande douleur, ou bien de rage, ou bien les fous, ou bien à cause de n'importe quoi… ceux-là se tuent brusquement. Ceux-là songent peu à la souffrance, en une minute c'est fini. Mais ceux qui raisonnent, ceux-là pensent beaucoup à la souffrance. (*Les Démons*)

L'homme se suicide parce qu'il ne peut pas faire autrement

Angoissé, névrosé, poussé à *bout*, l'individu finit sa course dans le suicide. Pour lui, le suicide – et ce bien évidemment de façon tout à fait paradoxale – est la seule issue pour sortir de son angoisse, pour reprendre pied et redevenir ainsi « actif » dans une vie trop difficile à vivre où il était en inhibition de l'action.

> Imaginez un mari qui a devant lui, étendue sur la table, Douce, sa femme, qui vient de se suicider quelques heures plus tôt en se jetant par la fenêtre. Il est bouleversé et n'est pas encore parvenu à rassembler ses idées. Il erre de pièce en pièce et cherche à comprendre le sens de ce qui s'est passé, à « faire le point de ses pensées ». (*Douce*)

L'homme se suicide parce qu'il est faible

Pour Julien Green, beaucoup de gens se suicident parce qu'ils sont trop faibles pour « encaisser les coups » et supporter le poids de la vie.

> J'ai appris la vérité en novembre dernier, le 3 novembre précisément. Depuis ce moment-là, je me souviens de chacun des instants de ma vie. C'était une soirée maussade… Il avait plu toute la journée… Le ciel était terriblement sombre, mais on pouvait clairement distinguer des nuages déchiquetés et à travers eux des taches noires insondables. Soudain j'ai remarqué dans une de ces taches une petite étoile et je me suis mis à la fixer. C'est parce que cette petite étoile m'avait suggéré une pensée : je m'étais résolu cette nuit-là à me tuer… (*Le Songe d'un homme ridicule*)

L'homme se suicide pour prouver qu'il est libre

Difficile enfin, lorsque nous parlons du suicide de ne pas songer aux premières lignes du mythe de Sisyphe : « Il n'y a qu'un problème philosophique vraiment sérieux : c'est le suicide. Juger que la vie vaut ou ne vaut pas la peine d'être vécue, c'est répondre à la question fondamentale de la philosophie. Le reste, si le monde a trois dimensions, si l'esprit a neuf ou douze catégories, vient ensuite. Ce ne sont que des jeux ; il faut d'abord répondre. Et s'il est vrai comme le veut Nietzsche qu'un philosophe, pour être estimable, doive prêcher l'exemple, nous saisissons l'importance de cette réponse puisqu'elle va précéder le geste définitif »... Pour Kirilov, l'ingénieur des *Démons*, l'homme actuel vit dans la peur. Il n'est pas un homme ! Mais qu'il ose dire : « Non », qu'il ose se tuer et il prouvera sa liberté.

JOURNAL DE L'ÉCRIVAIN III

Un petit héros

Comment réussir à mettre en acte son désir ?

Le désir est identifié, le combat avec le père a eu lieu, le parricide symbolique a été suffisamment accepté pour que le poids de la culpabilité n'embolise pas véritablement les capacités de l'individu… celui-ci n'est donc pas « tenté » d'organiser ses propres sabotages…

Première condition à sa mise en acte : faire preuve de volonté

Alors maintenant ? Oui maintenant, dans cette formidable course d'obstacles dont la ligne d'arrivée marque la capacité à vivre une vie vivante, c'est-à-dire une vie choisie puisque nous avons réussi à comprendre de que nous voulions faire de notre vie, quelle va être la prochaine étape ? Tout d'abord, et nous pouvons nous en réjouir car cela devrait nous donner du courage – il nous en faudra certes encore un peu – précisons que ce sera la *dernière* étape. Cette ultime étape donc peut être ainsi résumée : il va s'agir d'organiser la mise en acte de notre désir, c'est-à-dire qu'il va nous falloir réfléchir aux conditions qui vont permettre le passage du principe de désir… au principe de sa mise en acte. Dans son *Petit Traité sur Kant*, Piattelli-Palmarini rapporte à cet effet un épisode qui se trouve dans un récit de P.-G. Woodhouse. Dans cet épisode, le chariot d'un marchand de vin nommé Nichols heurte violemment le chariot d'un laitier nommé Jackson. De cet accident ne ressort qu'un unique chariot, celui des marchands de bière Nixon, constitué par les restes des deux chariots précédents. Cette petite histoire est un plaidoyer pour la *synthèse a priori*. Pour ce qui nous mobilise ici, la *synthèse a priori* est un entresol entre le rez-de-chaussée du désir et le premier étage de la mise en acte.

Aussi, la première condition de la mise en acte de son désir est-elle beaucoup affaire de volonté.

> Dans le monde, les forces sont bien variées, les forces de volonté et de désir en particulier. Il y a la température d'ébullition de l'eau et il y a la température où le fer devient rouge… Il faut vouloir au point, s'il n'y a pas moyen autrement, de se faire même mendiant. Oui, il faut vouloir assez pour arriver à son but. (*L'Adolescent*)

Deuxième condition : accepter l'existence du principe de réalité

La deuxième condition est celle-ci : comme nous avons dû renoncer à un certain nombre de choses, nous allons devoir en accepter d'autres. Parmi ces choses que nous devons accepter, nous distinguerons, d'une part, l'acceptation du principe de réalité dont un des corollaires, au-delà de la prudence, est de comprendre qu'il nous faut combattre dans notre catégorie et, d'autre part, l'acceptation du risque de produire quelque chose, c'est-à-dire l'acceptation du risque de montrer à voir ce dont nous sommes capables. Si cela n'a l'air de rien, Dieu sait pourtant comme cela peut être difficile parfois.

Qu'appelle-t-on le principe de réalité ?

Pour Stephan Zweig, notre soif infinie de vie et de jouissance, nos envies illimitées sont à l'étroit dans notre corps terrestre. Parmi les myriades de pulsions qui assaillent l'homme moyen, combien peut-il vraiment en satisfaire au cours d'une journée bourgeoisement délimitée ? C'est à peine si chacun de nous arrive à réaliser un millième de ses aspirations. « Un désir véritable inapaisé et inapaisable, visant l'absolu, bouillonne jusque dans la poitrine du fonctionnaire, du petit rentier, du travailleur le plus misérable. En nous tous, nous fermentons furieusement des envies mauvaises, une impuissante volonté de puissance, des convoitises anarchiques refoulées et lâchement déformées, une vanité déguisée, de violentes passions et jalousies ; déjà, chaque femme qui passe n'éveille-t-elle pas sur son chemin de multiples et brefs désirs ? »

Une définition du principe de réalité

Comment pouvons-nous définir alors le principe de réalité ? Le principe de réalité, c'est un principe qui raconte qu'il faut se défier de la tentation de ne céder qu'au seul principe de plaisir. Pourquoi ? Parce qu'à vouloir rester dans le principe de plaisir, le réveil ne peut qu'être très... très difficile – pour reprendre une phrase déjà citée de Lacan : « C'est dans la réalité que nous nous cassons la figure. »

> C'est là tout le drame de Gulliver ! De retour du pays des Lilliputiens qui n'avaient que deux pouces de haut, il s'était tellement accoutumé à se considérer comme un géant qu'il ne pouvait plus traverser les rues de Londres sans crier involontairement aux passants et aux cochers qu'ils prissent garde de ne pas se faire écraser. Oui, il ne pouvait plus s'empêcher de s'imaginer qu'il était toujours un géant parmi des nains. Aussi, l'injuriait-on et se moquait-on de lui ; et les gens grossiers cinglaient le géant de coups de fouet. (*Les Démons*)

Le principe de réalité oblige à renoncer à certains bénéfices

Encore des renoncements, toujours des renoncements... Et se conformer au principe de réalité ne déroge pas à la règle. Oui, une fois encore, il nous faut renoncer à de nombreux bénéfices secondaires.

> Vous n'avez pas de tendresse. Vous ne voyez que la seule vérité ; donc vous êtes injuste. (*L'Idiot*)

Mais ce n'est pas tout. En effet, non « content » de limiter la sphère de nos plaisirs, le principe de réalité oblige à reconnaître les vertus de la prudence. Et cela, c'est toujours extrêmement difficile à admettre. Pour illustration, nous pouvons prendre appui une nouvelle fois sur un extrait du *Cercle des Poètes disparus.*

(Le professeur Keating et Dalton, un étudiant)
« Ne bougez pas messieurs !
— Monsieur Keating ?
— Monsieur Dalton, j'ai trouvé votre gag d'une grande médiocrité.
— Vous êtes dans le camp de Monsieur Dolan ? On oublie « carpe diem » alors, on ne « suce plus la moelle de la vie » ?
— Sucer la moelle oui, mais n'avalez pas l'os. Nous devons savoir défier et savoir nous méfier. Le bon marin doit savoir louvoyer.
— Je pensais que vous trouveriez ça drôle...

— Non, se faire expulser de l'établissement, ça n'a rien d'un défi, c'est une bêtise. Et ça vous priverait de chances précieuses.
— Ah oui ! Quoi par exemple ?
— Ne serait-ce que cela, la chance précieuse d'assister à mes cours cher ami. Alors un petit peu de sang froid. »

Le principe de réalité détermine la faisabilité ou non d'un désir

Plus concrètement peut-être, le principe de réalité raconte que la mise en acte de son désir véritable n'est pas toujours possible. Ainsi pour des raisons qui ne sont pas très difficiles à comprendre, il est clair qu'il ne nous sera pas toujours donné de pouvoir exercer le métier de notre choix, c'est-à-dire celui qui « collerait » le mieux avec ce que nous voulons faire de notre vie. Mais si, comme nous l'avons vu, continuer de rêver et donc de s'illusionner, ce serait cotiser aux plaisirs à bon marché et donc, à la sphère du principe de plaisir, rien ne doit nous interdire, en revanche et à défaut d'exercer le métier de nos rêves, de travailler dans le milieu professionnel qui s'en approcherait le plus. Oui, très certainement, le mieux peut être l'ennemi du bien.

Un exemple ? Mon désir véritable est d'être champion olympique du 100 mètres. Seulement voilà, d'une part, j'aurai bientôt 40 ans et, d'autre part, je n'ai jamais couru un seul 100 mètres depuis le collège (et encore ne s'agissait-il plus sûrement que d'un 80 mètres). Nous comprenons aisément – ne serait-ce que pour des raisons d'équilibre, que j'ai tout intérêt à renoncer à ce désir. Il n'empêche, je peux travailler pour devenir entraîneur dans le domaine du sprint ou kinésithérapeute spécialisé dans les traumatismes liés au sprint. D'autres possibilités s'offrent encore. Je peux être photographe sportif, je peux être journaliste… Aussi, la liste est-elle longue qui peut me permettre de retrouver d'une certaine façon ce que j'aurais vraiment eu envie de faire.

> C'est le meilleur des hommes et sans plaisanterie je lui suis très obligé. Est-ce sa faute si toute sa vie, en littérature, il a été *seulement* un homme d'affaires ? Il a compris que la littérature avait besoin d'hommes d'affaires, et il l'a deviné juste à temps. Honneur et gloire à lui ! du point de vue affaires, s'entend. (*Humiliés et offensés*)

Nous l'avons dit, le principe de réalité est quelque chose d'extrêmement difficile à admettre. En quelque sorte, et comme nous l'avons déjà précisé pour les parents, c'est un « empêcheur de tourner en rond ». Aussi, parce qu'il nous oblige à combattre dans notre catégorie, peut-il être agaçant. Et cela, c'est un formidable « coup de pied » dans nos velléités – voire même nos fantasmes – de toute-puissance.

Le principe de réalité oblige à combattre dans sa catégorie

Pour une femme, combattre dans sa catégorie, cela signifie ne pas vouloir se prendre pour la Julie ou la Béatrix de Shakespeare ou la Marguerite de Faust, encore moins peut-être pour la Sonia de *Crime et Châtiment* ou pour Sophia, la mère de *L'Adolescent*. Pour un homme, accepter de combattre dans sa catégorie, c'est ne pas chercher à être le prince Mychkine de *L'Idiot*, l'évêque Tykhon des brouillons des *Démons*, Makar l'errant de *L'Adolescent* ou Zozime ou Aliocha des *Frères Karamazov*. Oui, accepter de combattre dans sa catégorie (et nous voyons bien comment cela reboucle avec le principe de réalité), c'est comprendre qu'il nous faut renoncer à certaines chimères et, parce que l'être parfait n'existe pas, qu'il est deux fois absurde de prétendre vouloir l'être.

Principe de réalité contre principe de plaisir ? Le problème, c'est que le combat tourne court. Car ce qui est possible en littérature ne l'est certainement plus dans la réalité. Il faudrait être le prince Mychkine, que les gens appellent « l'Idiot » parce qu'il est dénué d'amour-propre et qu'il traverse le monde et ses intrigues sans y prendre garde, pour risquer toutes les rencontres sans perdre sa pureté. C'est peut-être « regrettable » mais c'est ainsi ! « L'Idiot », cet être idéal et parfaitement bon, aussi bon qu'un saint ou qu'une sainte, dans la réalité, cela n'existe pas !

(Créon à Œdipe – deuxième épisode)
Non ! Prends donc la peine d'examiner la situation avec moi.
Envisage d'abord ce point ; crois-tu que quelqu'un
puisse préférer exercer le pouvoir, au milieu de ses angoisses,
plutôt que de dormir bien tranquille tout en jouissant des mêmes prérogatives ?
Ma nature ne me pousse pas, moi,
à vouloir être roi, mais plutôt à vivre comme un roi,
semblable en cela à quiconque sait mettre à profit sa raison.
Actuellement, j'obtiens tout de toi sans être agité d'aucune crainte ;
en revanche, si j'exerçais moi-même le pouvoir, que de choses
il me faudrait faire à contrecœur !
Comment donc la royauté aurait-elle plus de grâce à mes yeux
qu'un pouvoir, qu'une puissance libres de tout chagrin ?

Je ne suis pas fou, je sais limiter mes désirs
aux belles choses avec leurs avantages (*Œdipe Roi*).

Aussi, accepter de combattre dans sa catégorie doit-il être considéré comme quelque chose de tout à fait respectable. Les plus grands, eux-mêmes, lorsqu'ils ne l'avaient pas intégré, n'ont pas eu d'autre choix pourtant que de se soumettre à la radicalité terrible des faits. Ainsi, pendant que Clara travaillait, Schumann ne pouvait pas composer. Et quand Schumann travaillait, Clara ne pouvait pas préparer ses concerts car un second piano ne pouvait être acheté. Schumann s'en consolait. Il l'accompagnait au début de ses déplacements… Il portait sa valise et elle arrivait de temps en temps à placer un morceau de Schumann. Cet homme-là, personne à l'époque ne le connaissait, alors que Clara était célèbre. Cette situation n'était pas réjouissante. Il s'est même mutilé un doigt parce qu'il admirait tellement le jeu de sa femme qu'il se rendait parfaitement compte qu'il ne pourrait jamais en égaler la perfection. Il valait mieux qu'il se mutile pour ne pas continuer à essayer de jouer. Ainsi de Balzac qui, chaque fois qu'il cherchait à faire des affaires en dehors de sa tâche véritable, en subissait les amères conséquences. Aussi songeait-il, mélancolique, au mot d'esprit si sage de Heine qui, le rencontrant sur le boulevard avant la représentation de *Vautrin*, lui avait donné le conseil amical de s'en tenir au roman : « Prenez garde ! Celui qui est habitué à Brest ne s'accoutume pas à Toulon. Restez dans votre bagne ! »… « Pour l'intérêt, je suis tranquille… L'idée est hardie et grande… Mais justement, est-ce que je ne m'attaque pas à des sujets largement situés au-dessus de mes forces » écrira Dostoïevski à son frère.

Oui, les faits peuvent être quelque chose de terrible ! De terrible car ils ne pardonnent pas. C'est aussi beaucoup pour cela qu'il nous faut combattre dans notre catégorie. C'est là d'ailleurs exprimée une des clés de la capacité à produire. Oui, refuser cet axiome, c'est prendre le risque de ne jamais rien faire.

> L'éclat insoutenable de la vérité aveugla si bien Iéfimov qu'il dût mesurer de force l'étendue de son aberration. À sa dernière heure, il entendit un génie merveilleux le condamner pour toujours après lui avoir ouvert les yeux sur son propre néant. Au dernier son que l'inimitable S. fit jaillir de ses cordes, mon père comprit ce que signifie l'art mystérieux, toujours jeune, toujours sincère et fort et aussi ce que signifie exactement le talent. Tout ce qui durant sa vie l'avait secrètement et vaguement tourmenté, tout ce qui jusqu'à cette minute n'avait été chez lui que visions brumeuses et chimères insaisissables, tout ce qu'il avait

> pressenti par instants et repoussé avec effroi, tout le mensonge dont il avait masqué sa vie avec entêtement, tout ce qu'il voyait venir, mais craignait de voir, tout cela brusquement apparut devant ses yeux. (*Niétotchka Niézvanov*)

Troisième condition : accepter le risque de la production

Accepter le risque de produire quelque chose, c'est non seulement accepter dans le même temps le risque de la non-qualité (comme l'être parfait, la qualité totale n'existe pas ; tout au plus ne s'agit-il là que d'un concept fascisant dont l'entreprise semble s'être faite une spécialité toutes ces dernières années…) mais surtout c'est donner à voir de sa médiocrité.

> Je suis spirituel… Oui mais à côté de moi, il y a Talleyrand et Piron. (*L'Adolescent*)

Si comme nous devions appareiller pour l'Amérique, nous ne pourrions pas raisonnablement nous soucier de la pluie ; si nous voulons produire, nous devons apprendre à accepter un certain degré d'insatisfaction. « Je suis mécontent de ce roman. Il n'exprime même pas la dixième partie de ce que je voulais exprimer. Cependant je ne le désavoue pas et je garde de l'amour pour mon idée avortée » écrira Dostoïevski à Madame Ivanov.

Accepter de produire ne veut pas dire accepter de tout produire

Naturellement, écrire cela ne signifie pas que nous puissions tout faire et encore moins à n'importe quel prix. Non, sûrement pas ! Ainsi, pour Pierre Pascal, l'impression que laisse immédiatement *Humiliés et offensés* est assez bien formulée par de Vogüé dans le Roman russe : « … le premier des romans de Dostoïevski traduit du russe, mais non le meilleur. La situation du confident… ne se prolonge pas sans quelque ridicule. L'exposition trop lente et l'action dramatique double choquent… » Mais c'était là un roman-feuilleton que Dostoïevski avait écrit à la hâte, d'un numéro à l'autre, pour soutenir la revue de son frère, *Le Temps – Vrémia*.

Non, plus sûrement, cela signifie qu'il faut produire. Mais, comme nous avons vu que seul l'individu est supposé savoir, il est tout autant le seul qui soit à même de porter un jugement sur ce qu'il estime digne ou non d'être montré. « Vois Pouchkine, vois Gogol… Leur gloire, surtout celle de Gogol, a été achetée par des années de misère et de faim. Ce travail acharné, c'est tout ce combat entre le désir de perfection et la nécessité de produire » écrira Dostoïevski à son frère Michel.

Une dernière chose encore – et comme souvent en ces cas, il ne s'agit pas de la moindre – si accepter de produire, c'est accepter par notre création de donner à voir, c'est tout autant accepter notre condition d'homme et donc le risque de la mort.

Quatrième condition : voir dans la mort notre grande institutrice

Pour Michel Serres, il y a un vieux mythe de Platon qui dit que Dieu tient le monde par une ficelle et qu'il la fait tourner dans un sens. Or, quand cela tourne dans un sens, la ficelle se tord à un moment et le monde part vers l'autre sens. C'est là une bonne illustration d'un monde qui va de la jeunesse à la vieillesse et d'un monde qui va de la vieillesse à la jeunesse. Pour l'auteur : « Lorsque nous nous mettons à travailler, il existe une recherche dans le langage, dans le temps, dans le travail de l'écrivain qui le ramène de plus en plus près de la naïveté et de la jeunesse. Et moi [Michel Serres] qui suis quand même avancé en âge maintenant, j'éprouve deux choses à la fois, le sentiment d'être pressé parce qu'il ne me reste plus beaucoup de temps à vivre pour écrire encore et le sentiment d'avoir beaucoup de temps parce que je me suis rapproché d'une naïveté première… À la fois un vieillissement et à la fois un rajeunissement. »

Il n'y a pas de mise en acte du désir sans conscience de la mort

Voilà pourquoi, nous ne pouvons pas imaginer la mise en acte de notre désir véritable et donc le geste créateur sans la mort. Voilà pourquoi, la mort est notre grande institutrice et notre grande inspiratrice. « Qui va gagner ? » demande Michel Serres dans une émission québécoise *Contact*. « C'est elle sans doute. Il y a simplement des individus exceptionnels qui tirent le gros lot et qui eux gagnent contre elle. Homère, Molière, Gabriel Fauré, Couperin, ces gens tirent le gros lot et rentrent dans ce que nous appelons l'immortalité. Ils gagnent contre la mort comme ceux qui ont inventé la géométrie parce que la géométrie n'a jamais cessé. Ceux qui ont inventé l'agriculture, cela n'a jamais cessé, ceux qui ont inventé l'élevage, cela n'a jamais cessé, ceux qui ont inventé l'écriture, ces grands processus qui se révèlent plus forts que l'histoire et qui portent l'histoire. Là, nous avons affaire à des processus d'immortalité. »

Le Moujik Mareï

Qu'appelle-t-on au sens fort le « travail » ?

Travailler, c'est déjà commencer… Et commencer, c'est déjà faire la moitié du chemin.

> C'est comme dans la grammaire latine : tu te souviens ! La signification l'emporte sur la terminaison. (*Humiliés et offensés*)

> Oui, agir… Voilà ce qu'il faut. (*L'Adolescent*)

Travailler, c'est batailler. C'est entrer dans la solitude – ce qui n'a rien à voir avec la tentation du retrait du monde qui, elle, serait « de tout plaquer et de partir ». Non, entrer dans la solitude, c'est accepter d'être un lutteur solide, c'est accepter de renoncer aux plaisirs de la faiblesse et de la pitié.

> J'éprouvais l'impression de celui qui abandonne sa maison pour toujours, qui quitte une existence jusque-là sereine et sans à-coups pour un lointain voyage dans un pays inconnu et qui, le cœur contracté par l'angoisse et par le pressentiment d'un avenir peut-être mauvais, peut-être hostile, sur la nouvelle route où il s'engage, jette un dernier regard autour de lui et dit adieu en pensée à ce qui fut son passé. (*Niétotchka Niézvanov*)

Des exemples de grands travailleurs

Pour raconter ce qu'est le travail, rien ne vaut sans doute la remarquable exemplarité de grands « travailleurs » de notre temps.

Freud

Chez Freud, le rythme de la vie se soumettait uniquement et totalement au rythme incessant, uniforme et patient du travail. Chacune des mille et mille semaines de ses soixante-quinze ans était enfermée dans le cercle unique d'une activité délimitée. Chaque jour était pareil à l'autre. Pendant toute la session universitaire, conférence une fois par semaine ; le mercredi soir, régulièrement, selon la méthode socratique, un symposium intellectuel au milieu des disciples ; le samedi après-midi une partie de cartes ; à part cela, du matin au soir, ou plutôt à minuit, chaque minute, chaque seconde, était employée à l'analyse, au traitement des malades, à l'étude, à la lecture et à la tâche scientifique. Cet inexorable calendrier de travail ne connu pas de feuilles blanches. Oui, cette journée sans fin, au cours d'un demi-siècle, ne compta pas une seule heure de repos.

Dostoïevski

Il en va exactement de même pour Dostoïevski. Sa « férocité » à reconstruire sans cesse ses romans quand il ne brûlait pas les versions antérieures pour mieux repartir à zéro n'est pas une légende. Dans une lettre à Strakhov, Dostoïevski écrivait : « Je travaille à mon roman pour le *Messager russe* littéralement sans relever la tête… Je me suis juré non seulement de ne rien lire ni écrire, mais même de ne rien regarder autour de moi avant d'avoir achevé ce que je me suis fixé… Jamais aucune œuvre ne m'a coûté plus de peine. » Puis dans une autre lettre : « Je suis toujours à mon roman et je ne peux toujours pas en venir à bout. Il ne vaut décidément rien, mais il m'est impossible de l'abandonner : l'idée m'en plaît trop… À mon avis, la première partie ne contient que des sornettes : je l'ai refondue et réécrite vingt fois sinon plus… Ce travail m'a harassé, et physiquement et moralement… »

Dans ce même mouvement, *Atala* de Chateaubriand n'a-t-il pas été réécrit dix-sept fois et le *Voyage sentimental*, n'a-t-il pas coûté à son auteur cent mains de papier ? Et encore, n'avons-nous pas parlé du plus grand peut-être : Balzac.

Balzac

Une journée de travail de Balzac, ce n'est pas une journée… c'est autre chose… c'est un « roman ». Dans sa biographie de Balzac, Stephan Zweig raconte ainsi ce « roman » : « Huit heures du soir ; Balzac dort dans sa chambre où il a fait l'obscurité, assommé comme d'un coup de massue par un travail de seize, dix-sept heures… Minuit ! Maintenant que pour tout le monde le jour est fini, commence sa journée. Devant lui, un immense délai : huit heures, dix heures de totale solitude et Balzac a besoin pour son immense travail de cet immense délai… Enfin huit heures ; un modeste déjeuner. Balzac se lève de sa table. Il n'a pas posé sa plume depuis minuit. Un bain chaud et à neuf heures Balzac reçoit les émissaires des diverses imprimeries. Puis il s'attelle à son deuxième grand travail de la journée, la lecture des épreuves. Il ne s'arrêtera qu'à trois ou quatre heures de l'après-midi. Lire des épreuves ou plutôt les rédiger à nouveau. C'est chez lui un acte créateur tout aussi décisif que la première rédaction. Balzac a repris jusqu'à quinze ou seize fois les épreuves de certains de ses ouvrages. »

Le travail, c'est difficile et pas toujours « brillant »

Freud, Dostoïevski, Balzac… un seul « mot d'ordre » en quelque sorte : « Du travail, encore du travail, toujours du travail. » Alors oui, c'est difficile le travail. C'est difficile pour au moins deux raisons. La première bien sûr, parce que c'est exigeant – à lire une journée de Balzac, c'est vraiment le moins que l'on puisse dire ! La seconde, parce qu'à bien y réfléchir, comme solution à tous nos maux, ce n'est pas très « brillant » le travail. Cela peut même paraître « besogneux » voire « médiocre » le travail.

> Je regarde : c'est l'article du *Copiste*. On ne m'invective pas, mais on ne me couvre pas non plus de fleurs : je suis très content. Mais le *Copiste* dit, entre autres, que mes œuvres en général « sentent la sueur », c'est-à-dire que je transpire et peine si bien à les écrire, que je les façonne et les fignole tant que cela devient rebutant. (*Humiliés et offensés*)

Le travail, c'est beaucoup de sueur, cela exige de batailler

Seulement voilà, nous avons identifié notre désir véritable, ce que nous voulons faire de notre vie… Aussi nous faut-il l'assumer. Aussi nous faut-il le structurer et cela, c'est nécessairement beaucoup de travail, c'est nécessairement beaucoup de sueur, c'est nécessairement beaucoup d'énergie. Oui, parce que le travail c'est de « l'antibaguette magique » mais aussi beaucoup de souffrance, nous allons devoir sans cesse batailler. « Pour écrire bien, il faut souffrir, souffrir » dira Dostoïevski quelques mois avant sa mort au jeune Merejovski, alors âgé de quinze ans, qui lui lisait des vers.

Entrer dans travail, c'est entrer dans le principe de réalité

Le travail, c'est donc tout autant l'antithèse du « sitôt dit, sitôt fait » des contes de notre enfance.

> Dans les romans de chevalerie, il advenait ordinairement que le chevalier rencontrant une monstrueuse armée du mal dégainait son épée, invoquait pour l'assister en esprit le nom de sa dame et se précipitait seul au milieu même de ses ennemis qu'il exterminait tous jusqu'au dernier. La chose était claire apparemment, mais don Quichotte, qui pour acquérir ces ouvrages n'avait pas regretté de vendre quelques acres et des meilleures de son petit bien, fut soudain pris d'un doute, et voici à quel sujet : il lui sembla tout à coup impossible qu'un chevalier seul, quelle que fût sa force et taillât-il à droite et à gauche de sa vaillante épée une journée entière sans se lasser, pût terrasser cent mille ennemis à la fois et en une seule bataille. Pour tuer un homme, il faut tout de même du temps, pour en tuer cent mille, il faut énormément de temps et, quelques moulinets que fasse l'épée, en quelques heures et en une seule fois un homme seul n'y parviendra pas. (*Journal d'un écrivain*)

Le travail exige des efforts et nous devons nous en réjouir

Et pourtant, et paradoxalement nous devons nous en réjouir, les choses ne sont pas faciles et exigent de nous cet effort (et la souffrance parfois) que représente le travail. C'est là tout autant ce que raconte Primo Levi dans le *Système périodique*. « Le zinc, si tendre et si délicat, si accommodant en présence des acides qui n'en font qu'une bouchée, se comporte en revanche bien différemment lorsqu'il est très pur. Alors il résiste obstinément à l'attaque. De cela, nous pouvons tirer deux conséquences philosophiques opposées : l'éloge du confort, qui protège du changement comme une cuirasse ; l'éloge du travail, qui ouvre la voie aux métamorphoses, c'est-à-dire à la vie. La seconde est plus intéressante. Elle découvre que, pour que la vie se développe, le travail (voire le travail du travail) est nécessaire. » Même dans la terre, comme nous le savons, si nous voulons qu'elle soit fertile, cela est vrai. Il faut le désaccord, le différend, le grain de sel de séné. Bref, il faut le *travail* de la terre.

Le travail est la clé la plus sûre au changement individuel

Oui très certainement, le travail est un composant indispensable du changement individuel, ou plus précisément comme nous l'avons vu, un composant indispensable pour faire mieux avec les capacités qui sont les nôtres. Pour Primo Levi toujours : « Si nous prenons la solution de sulfate de cuivre dans la rangée des réactifs, que nous y ajoutons une goutte d'acide sulfurique, nous voyons la réaction se mettre en route. C'est là tout le travail du zinc. Celui-ci se réveille, se recouvre d'une fourrure blanche de minuscules bulles d'hydrogène. Nous y sommes, l'enchantement s'est produit. Nous pouvons alors l'abandonner à son destin et faire quatre pas dans le laboratoire pour voir ce qui s'y passe de nouveau et ce que font les autres. »

Le travail permet de conquérir de nouveaux territoires

Le travail, parce qu'il participe à conquérir de nouveaux territoires, parce qu'il participe à construire des plaisirs autrement plus intéressants que les plaisirs à bon marché, favorise la capacité des individus à faire mieux avec ce qu'ils sont. Voilà pourquoi, si c'est difficile, si c'est besogneux, le travail ne déçoit jamais. Oui, et d'ailleurs comment pourrions-nous être déçus quand, après des heures et des heures de cruel labeur, nous acquérons la certitude d'avoir fait le maximum, au mieux de nos capacités ?... Chaque fois, nous rappelle Stephan Zweig dans *La Guérison par l'esprit*, qu'un homme a osé, armé de sa seule foi, entrer en conflit avec les puissances coalisées du monde et se lancer dans une bataille qui semblait absurde et sans chance de succès – qu'il s'agisse de l'esclave Spartacus luttant avec les cohortes et les légions romaines, du pauvre cosaque Pougatchev rêvant de régner sur la gigantesque Russie, ou de Luther, le moine au front têtu se dressant contre la toute-puissance *fides catholica* – toujours, il a su communiquer aux autres hommes son énergie intérieure et tirer du néant des forces incommensurables.

La psychanalyse raconte des choses sur les vertus du travail

Nous pourrions encore en ajouter sur le travail. Il nous épuiserait avant même que nous l'ayons seulement entamé. Ainsi, que raconte la psychanalyse si ce n'est aussi des choses sur les vertus du travail. Et non seulement cela mais, plus encore, est-ce qu'elle n'ordonne pas en final de travailler deux fois plus ? D'une part, parce que le principe de réalité oblige à poursuivre, au moins pour un temps, son activité professionnelle, d'autre part, parce que pour mettre en acte son désir, il nous faut y travailler tout autant. Et c'est seulement le jour où nous pouvons vivre de cette mise en acte réussie de notre désir, que nous pouvons basculer professionnellement et renoncer à notre « premier métier ». Premier métier dont nous voyons bien qu'il ne servait en réalité qu'à une chose : organiser notre vie privée (vie privée où nous retrouvons naturellement toute la réflexion, d'une part, sur l'identification du désir véritable et donc la compréhension de ce que nous voulons faire de notre vie et, d'autre part, sur les conditions de sa mise en acte).

Un exemple ? Imaginons un instant que nous voulions faire de la littérature. Alors, il nous faudra faire nôtre ce précepte de Jean Thomassy : « Prenez une direction utile et, par *surcroît*, faites de la littérature. » En somme, il s'agit de gagner de l'argent dans le commerce ou dans l'industrie et de garantir ainsi la possibilité d'écrire ce que bon nous semble quand bon nous semble, sans être pressés, ni par le temps, ni par des considérations mercantiles. Il sera toujours temps, par la suite, si ce que nous écrivons ne déplaît pas trop, de nous interroger sur la nécessité de basculer de façon définitive dans la littérature et faire de celle-ci notre principale activité professionnelle… Naturellement, à cette position de sagesse, il existe des exceptions. Ainsi de Balzac ! Seulement voilà, si nous ne voulons pas nous illusionner, rappelons-nous simplement cette nécessité qu'il y a à accepter de combattre dans sa catégorie. Enfin, et nous le savons bien, n'est pas Balzac qui veut. Non, vouloir se prendre pour Balzac, ce ne serait pas du désir mais du… « délire ».

> J'avais devant moi l'ivresse du désespoir, le combat fiévreux de la volonté tendue avec acharnement contre la faiblesse intérieure. Durant sept longues années, le malheureux s'était si bien repu de son rêve de gloire future qu'il ne s'apercevait même pas avoir perdu les notions élémentaires de notre art et jusqu'à la technique d'un débutant. Toutefois, dans son imagination désordonnée, Iéfimov échafaudait les plans les plus fantastiques pour l'avenir. Il voulait devenir l'un des premiers violonistes du monde. Et non seulement il se considérait déjà comme un génie de cette sorte mais encore, lui qui ignorait tout du contrepoint, il se croyait l'étoffe d'un compositeur. (*Niétotchka Niézvanov*)

Nous devons l'accepter, rien ne peut remplacer le travail

Non, mille fois non, rien ne peut remplacer le travail. Non, il n'est pas de seigneur autrement qu'au cinéma ou dans les livres. Voilà pourquoi tous, nous devons travailler comme des moujiks. Ici, comme ailleurs, de grands avantages ne sauraient s'obtenir qu'au prix de grands efforts. Tout le reste n'est qu'illusion. C'est là d'ailleurs tout le drame de la première moitié de la vie de Raskolnikov.

> Et puis enfin, à quoi bon être privé de tout, laisser sa mère dans le besoin, souffrir avec résignation le déshonneur de sa sœur, tout cela pourquoi ? Pour arriver à enterrer les miens et fonder une nouvelle famille destinée elle aussi à mourir de faim ? Et bien… voilà, je me suis décidé à prendre l'argent de la vieille pour mes débuts, pour finir mes études sans être à la charge de ma mère. Bref, j'ai voulu employer une méthode radicale pour commencer une nouvelle vie et devenir indépendant… Et bien… voilà, c'est tout. (*Crime et Châtiment*)

En revanche, c'est de la compréhension que la vraie vie n'est pas donnée pour rien que va se concrétiser toute la chance de la deuxième moitié de la vie de Raskolnikov.

> Raskolnikov ne se doutait pas que cette vie nouvelle ne lui serait point donnée pour rien et qu'il devrait l'acquérir au prix de longs efforts héroïques… (*Crime et Châtiment*)

Tout le reste, y compris même les relations dont nous vantons pourtant les mérites mais qui ne sont en réalité qu'une étoffe qui s'use terriblement vite, n'est que marchandage. « Je ne me prête pas aux marchandages » fera dire Dostoïevski à Aglaia lorsque celle-ci s'adressera au prince Mychkine dans *L'Idiot*… S'il le faut alors, nous devons travailler, et travailler encore… et toujours davantage… Mais, s'il faut « retourner les mots » et les retourner encore, comme dit Polonius dans *Hamlet*, le travail pour être pleinement efficace exige aussi du « discernement », c'est-à-dire du pragmatisme et de l'intelligence. C'est là pour Paul Valéry : « Le prix à payer pour que la tactique ne ruine pas la stratégie, sous peine de voir la bataille gagnée sur la carte se perdre en détail sur les coteaux. »

Au-delà du travail, il faut agir avec pragmatisme et intelligence

Parce que le travail exige du discernement, le travail va nécessairement de pair avec le pragmatisme et l'intelligence. Être pragmatique, c'est vouloir être efficace. C'est connaître ce précepte de Stendhal : « Pour réussir bien ce que nous voulons faire, il nous faut être secs, clairs, sans illusion. » Être pragmatique, c'est tout autant ne pas chercher « midi à quatorze heures ». Souvenons-nous de « La lettre volée » d'Edgar Poe ou encore du dernier vers d'une fable de Krylov, *La Cassette*, où un soi-disant expert en mécanique se fait fort et s'efforce en vain de trouver le secret d'une cassette qui n'a même pas de serrure… « Il suffisait de lever le couvercle… »

Nous devons apprendre à nous donner des règles

Alors bien sûr, exprimé ainsi, cela n'a l'air de rien. Et pourtant, nous devons en être persuadés, ce n'est pas si facile. Aussi, pour maximiser les chances de réussite, allons-nous devoir apprendre non seulement à nous donner des règles mais plus encore à nous y tenir.

> « Si je t'oublie Jérusalem, que ma langue soit attachée… » C'est tiré de la Bible. « Si je t'oublie Jérusalem », c'est-à-dire si j'oublie ce que j'ai de plus précieux, si je le change, alors que je sois frappé… (*Les Frères Karamazov*)

Nous devons apprendre à ne pas toujours écouter notre corps

Ne pas écouter son corps, cela ne va pas de soi ! Cela ne va pas de soi car cela oblige à aller contre ce que nous sommes, contre un pan de notre nature profonde qui est la recherche du confort. Oui très certainement, cela nous oblige à nous faire violence, c'est-à-dire, selon l'expression consacrée, à nous « faire mal ». Car, ce contre quoi il va nous falloir lutter pour travailler, cela va être surtout contre notre fatigue. Seulement, et maintenant nous le savons, la fatigue puise beaucoup de sa force et de son efficacité dans la névrose. Alors, haut les cœurs… il va nous falloir nous arc-bouter et, même mieux, véritablement nous « accrocher ». Surtout, nous ne devrons pas lâcher, surtout, nous ne devrons pas céder. Surtout, nous devrons tenir le cap que nous nous sommes à nous-mêmes imposés. Tout se passe exactement comme en montagne : pris isolément, chaque pas n'est rien. Et pourtant, nous le savons bien, il nous faut continuer. Pourtant, et nous le savons tout autant, il nous faut nous battre… Et puis, un regard vers la vallée, et c'est tout le chemin parcouru alors qui apparaît. Aussi, même si les sommets sont encore loin, nous faudra-t-il persévérer et tenir le rythme… à tout le moins, pour ne pas être dupes, en comprendre les dérives.

Là encore, c'est un des enseignements de la psychanalyse. Prises isolément, combien de séances ne nous donneraient pas l'impression de ne servir à rien ? Et puis une séance arrive, comme cela, sans crier gare, et nous passons une crête hier encore invisible. C'est une bande de brouillard qui se troue, c'est un nouveau paysage… Nous avons gagné… une bataille au moins – pour la guerre, sans doute nous faudra-t-il encore patienter. Là où Jean Sébastien Bach pensait : « Celui qui s'appliquerait autant que moi, ferait aussi bien », Brel disait : « Il faut savoir se botter le cul tous les matins ». C'est cela, c'est tout à fait cela.

> Travailler, travailler, voilà l'obligation du gentilhomme. Oui, travailler, travailler encore, comme le dernier de ses paysans ! (*Stiépantchikovo et ses habitants*)

Agir avec intelligence, c'est lutter contre sa « bêtise »

Oui, nous devons nous obliger à être un cheval de fiacre, autrement, ce serait accepter de dire : « Je vis et cela me suffit ». Et cela, c'est de la bêtise. Pour Brel toujours : « La bêtise, c'est de la graisse autour du cœur et autour de l'esprit » (souvenons-nous de ce que nous disions au tout début de cet ouvrage lorsque nous parlions du but de la vie : aimer et créer ! N'est-ce pas là une définition aux antipodes de la bêtise ?). Oui, dire : « Je vis et cela me suffit », c'est se retrouver dans la position du personnage principal des *Souvenirs écrits d'un souterrain*, un déraciné sans caractère, « ni mauvais, ni bon, ni gredin, ni honnête, ni héros, ni insecte », un homme qui ne connaît rien de l'activité de « la vie vivante »… Aussi, le travail est-il bien pour son essentiel affaire de volonté.

> L'évasion de Casanova des Plombs de Venise fit alors grand bruit en Europe et lui valut une extraordinaire célébrité. Il est à peu près impossible de s'enfuir de ces cachots. C'est là, résumée, toute l'histoire du triomphe de la volonté humaine sur d'insurmontables obstacles. (*Notes diverses*)

Alors bien sûr, tout ne sera pas facile. Mais et cela peut aider, souvent, si nous regardons les choses avec attention, nous pouvons réussir à traduire les difficultés en opportunités. C'est là d'ailleurs l'enseignement que nous pouvons isoler de la partie peut-être la plus critique de la vie de Dostoïevski, à savoir ces longues années passées au bagne. Au sortir de cette période de souffrances physiques et morales, loin d'avoir été abattu par le bagne, la servitude militaire et la maladie, Dostoïevski rentrait en Russie enrichi et affermi, débordant de vie, d'espoir, de curiosité et d'activité.

Si c'est là aussi faire acte d'intelligence, être intelligent, c'est tout autant savoir que la bonne foi ne suffit pas toujours. Non, décidément non, il n'y a pas de morale… or peut-être celle du travail.

> Bien que j'aie agi de bonne foi, il faudra être plus intelligent à l'avenir, conclut Aliocha sans même sourire de sa conclusion. (*Les Frères Karamazov*)

Être intelligent enfin, c'est comprendre avec Freud qui reprend là un mot du poète allemand Johann Mickael Rückert : « Ce que nous ne pouvons pas atteindre en volant, nous pouvons l'atteindre en boitant. Boiter n'est pas un péché dit l'*Écriture.* »

Il faut savoir se faire respecter

Travail, pragmatisme, intelligence, tout cela ne suffit pourtant pas (quand nous parlions d'une course d'obstacles...). Non, plus encore, il nous faut savoir batailler et apprendre à nous faire respecter. Oui, il nous faut savoir faire acte d'autorité et, le cas échéant, savoir rendre les coups et même, s'il le faut, distribuer les « fessées » lorsque celles-ci s'imposent.

> Comme il est courant chez certaines gens, Gania ayant commencé à se montrer grossier et n'ayant pas été remis à sa place perdait peu à peu toute retenue. « Je dois vous faire observer, Gavrila Ardalionovitch, dit brusquement le prince, qu'il est de fait que la maladie m'a autrefois éprouvé au point de me rendre presque idiot. Mais je suis maintenant guéri et depuis longtemps. Aussi, m'est-il assez désagréable de m'entendre traiter ouvertement d'idiot. Bien que vos déconvenues puissent vous servir d'excuse, vous vous êtes emporté au point de m'insulter à deux reprises. Cela me déplaît tout à fait, surtout quand la chose se produit, comme c'est le cas, à la première rencontre. Nous voici à présent devant un carrefour ; le mieux est que nous nous séparions. Vous prendrez à droite pour rentrer chez vous et moi j'irai à gauche. J'ai vingt-cinq roubles en poche, je trouverai aisément à me loger dans un hôtel garni ». (*L'Idiot*)

Oui, il nous faut aussi savoir développer certaines qualités du prince... À ce détail près, cependant, qu'il ne s'agit plus là du prince Mychkine mais du prince, tel que l'a décrit Machiavel. « Oui, si nous voulons connaître les filets nous devons pouvoir nous faire renard et si nous voulons faire peur aux loups nous devons pouvoir nous faire lion. » « Je ne suis fou que par le vent de nord-nord-ouest : quand le vent est au sud, je peux distinguer un faucon d'un héron » fera dire Shakespeare à Hamlet.

De même, il faut avoir le courage de ses convictions

Avoir le courage de ses convictions, c'est être capable de tenir un cap sans céder aux pressions de quelque nature que ce soit. Le combat mené par

Freud – combat déjà souligné ci-dessus – pour faire reconnaître au monde incrédule que l'enfant a une vie sexuelle et que celle-ci ne peut donc être que perverse est une juste illustration de cette nécessité de tenir le cap de ses convictions. Et pourtant, exprimer une telle chose en 1900 équivalait à un suicide scientifique. Or Freud l'exprima. Là où ce chercheur impitoyable sentait un terrain solide, il enfonçait irrésistiblement et jusqu'au bout le foret de son énergie. Et à sa propre surprise, il a découvert sous la forme la plus inconsciente de l'homme, dans le nourrisson, l'image la plus caractéristique de la forme originelle et universelle de l'instinct de jouissance. Précisément, parce que là, à l'entrée de la vie, aucune lueur de conscience morale ne descend dans le monde inentravé des instincts, cet être minuscule lui a révélé le sens primordial et plastique de la libido : attirer la jouissance et repousser le déplaisir.

Tous ces efforts ont un même objectif : la capacité d'être libre

L'identification de son désir véritable… le combat contre le père… l'acceptation du parricide… et maintenant le travail… Pourquoi tant d'efforts ? Oui, pourquoi une telle débauche d'énergie ?… S'il n'est jamais facile de répondre à autant de « vraies questions », il nous semble cependant qu'au-delà se joue une toute autre partition. Oui très certainement, ce qui se joue, ce qui fait contenant en quelque sorte à toutes ces interrogations et point de capiton à toute cette « aventure », c'est que cela a à voir avec la liberté individuelle de chacun.

> Ce soir, je suis libre, libre comme l'air, et cette soirée me récompensera de ces deux jours et de ces deux nuits pendant lesquels j'ai écrit presque trois placards, ces deux nuits pendant lesquelles j'ai écrit trois pages et demie… Je sais qu'en ce moment j'ai les nerfs très ébranlés et il me semble entendre les dernières paroles de mon vieux docteur : « Non, aucune santé ne peut supporter une pareille tension, parce que c'est impossible ! » Pourtant jusqu'à présent c'est possible ! La tête me tourne et je tiens à peine sur mes jambes ; mais la joie, une joie infinie, remplit mon cœur. Ma nouvelle est entièrement achevée et mon éditeur quoique je lui doive beaucoup d'argent me donnera malgré tout quelque chose lorsqu'il tiendra sa proie en mains, ne fût-ce que cinquante roubles. (*Stiépantchikovo et ses habitants*)

Souvenirs de la maison des morts

Réussir à identifier son désir, c'est être libre

Identifier son désir, c'est comprendre ce qu'on a envie de faire de sa vie, c'est identifier ce qui existe entre soi et soi-même. C'est là toute l'histoire déjà soulignée d'*Œdipe Roi*. Identifier et mettre en œuvre son désir, c'est comprendre l'énigme que nous sommes à nous-mêmes, ce pour quoi nous sommes là et pas ailleurs. Une fois encore, c'est d'une certaine manière comprendre ce que nous avons à dire au monde.

Alors oui, très certainement, nous sommes tous un peu de cet incroyable Œdipe. Oui, nous sommes tous, un peu à nous-mêmes, un personnage énigmatique dont la vérité intime est la réponse à l'énigme de la Sphinge. Alors seulement notre destin peut véritablement basculer. Comme nous l'avons vu, et ce à au moins deux reprises, seul le sujet est supposé savoir et, tout aussi paradoxalement, il est aussi souvent le seul qui ne sait pas qu'il ne peut savoir que par lui-même. Là encore, c'est tout le comble et l'ironie d'Œdipe : il est le seul à ne pas connaître la vérité. Enquêteur, il ne sait pas qu'il est lui-même coupable… Œdipe, dont le nom ressemble à la forme verbale *oida* (« je sais »), et qui a pu par son savoir accéder à la fonction royale en déchiffrant l'énigme de la Sphinge est aussi « Pied-Enflé », l'exclu, marqué et meurtri dès sa naissance. Quand le messager corinthien révèle à Œdipe qu'il est l'enfant trouvé, c'est pour ajouter aussitôt : « Tes pieds doivent encore en porter le témoignage. » Mais son nom contient aussi le mot *dipous* (« qui a deux pieds »). Nous reconnaissons là un des termes et une des clés de l'énigme de la Sphinge.

La liberté, comme la vie vivante, cela se gagne

Oui, nous sommes tous un peu de cet incroyable Œdipe. Oui, nous sommes tous à nous-mêmes notre propre énigme dans l'identification de notre désir véritable et la compréhension de ce que nous voulons faire de notre vie. Voilà pourquoi, de notre capacité à enquêter sur notre désir dépend la quête de notre propre identité. Les choses, très certainement, ne sont pas faciles. La liberté, comme la vie vivante, cela se gagne. C'est aussi ce qui en fait son prix. Dans notre quête de nous-mêmes, il n'est pas sûr que nous gagnons à tous les coups et moins encore du premier coup. Aussi, est-ce l'espoir d'en apprendre toujours plus sur d'anciens problèmes et sur nous-mêmes – et d'en découvrir de nouveaux qui, à leur tour, pourront contribuer à de nouvelles perspectives et à de nouvelles découvertes – qui devra nous servir de guide dans notre propre dédale.

Tout cela pourtant, est-ce si sûr ? Car après tout, qui peut nous garantir que c'est bien de l'identification de notre désir véritable – de la compréhension de ce que nous voulons faire de notre vie – et de sa mise en acte que dépend notre capacité à accéder à la liberté ? Non, bien sûr, cela n'est pas certain… Ce qui ne doit d'ailleurs pas être pour nous surprendre. Aussi, n'existe-t-il aucune assurance, aucune garantie… À ceci près cependant, qu'une fois encore, si nous voulons bien l'entendre, la psychanalyse raconte là-dessus des choses tout à fait intéressantes.

Ce que la psychanalyse a à dire sur la liberté individuelle

Avant même de parler de liberté individuelle, la psychanalyse met en garde : elle n'a pas vocation à rendre meilleur. Non, la psychanalyse n'a pas vocation à faire d'un Stavroguine – personnage des *Démons* qui abolit la distinction du bien et du mal pour accomplir avec un égal sang-froid une bonne action ou le pire forfait – un Tykhon – c'est-à-dire un homme parfaitement bon quelles que soient les circonstances données de temps et de lieux.

Si l'idée de liberté individuelle a à voir avec la psychanalyse, c'est parce qu'elle permet au sujet d'identifier son désir véritable et de comprendre ce qu'il veut faire de sa vie. Freud n'a d'ailleurs jamais renoncé à cette idée : « La psychanalyse mène sur la voie de la liberté. » Une liberté conçue, non comme une libération mais comme une responsabilité dans la conduite de son existence… C'est ce qu'il voudra dire dans *Le Délire et les rêves dans la* Gradiva *de W. Jensen* : « On dirait que la *Gradiva* met ses pas dans la psychanalyse et que, du coup, la science laborieuse acquiert la grâce, la légèreté d'une jeune fille malicieuse et riche du seul savoir auquel aimerait prétendre la psychanalyse : le savoir d'amour. »

La psychanalyse, cela ne sert qu'à une chose, être plus libre

Oui, et c'est là tout l'enjeu de la psychanalyse, celle-ci a vocation à rendre plus libre. Comment ? Par identification de son désir véritable. Oui, identifier son désir véritable et comprendre ce que nous voulons faire de notre vie, c'est être libre. Alors bien sûr, il ne manquera pas « d'esprits forts » pour se demander : « Qu'est-ce que cela veut dire être libre ? » Sans esquiver le débat mais, de sorte à ne pas nous laisser encalminer dans le « Pot au noir » des concepts, nous nous satisferons de cette définition que nous aimons bien et que nous devons à Nietzsche : « Être libre, c'est ne pas avoir à rougir de soi. »

Retenons enfin et surtout, pour ce qui nous mobilise, que la liberté cela se gagne. Cela se gagne, d'une part, dans l'identification de son désir véritable et, d'autre part, dans sa mise en acte.

Être libre, c'est ne pas avoir à rougir de soi

> (Dernière scène de *Souvenirs de la maison des morts*)
> « Le rivet, tourne d'abord le rivet ! commanda le maître forgeron. Mets-le comme ça, bon !… Maintenant, un coup de marteau. »
> Les fers tombèrent. Je [Alexandre Petrovitch] me soulevais… Je voulais les tenir dans mes mains, les regarder une dernière fois. J'étais tout surpris de ne plus les sentir à mes jambes.
> « Allons, à la grâce de Dieu ! À la grâce de Dieu ! » répétèrent les forçats de leurs voix rudes et saccadées dans lesquelles je crus percevoir une note joyeuse.
> Oui, à la grâce de Dieu ! La liberté ! Une vie nouvelle en perspective, la résurrection d'entre les morts !… Quelle ineffable minute !…

Dans ce combat de soi à soi, chacun doit être son propre *starets*, chacun doit être son propre directeur de conscience. Développer une exigence par rapport à soi, être capable de se voir dans le miroir sans rougir, c'est cela qui organise la dignité humaine… Oui très certainement, c'est cet accord de soi à soi qui fonde la vraie liberté.

> La vraie liberté n'est ni chez les riches qui s'étourdissent de jouissances, ni chez les pauvres qui noient aujourd'hui leur désir dans l'alcool et demain peut-être s'enivreront de sang, comme on les y invite. (*Les Frères Karamazov*)

Combien de vérités supporte et ose un esprit ? « C'est ce qui est devenu pour moi, de plus en plus, la véritable mesure des valeurs » dira Nietzsche avant de poursuivre : « Chaque conquête, chaque pas en avant, découle du courage, de la dureté envers soi, de la propreté envers soi. »

> Le procureur Hippolyte Kirillovitch prit la parole avec un tremblement nerveux, le front et les tempes baignés d'une sueur froide, le corps parcouru de frissons. Comme il le raconta ensuite, il regardait ce discours comme son *chef-d'œuvre*, son chant du cygne. Il y avait mis tout son cœur, tout son travail et toute l'intelligence dont il était capable. (*Les Frères Karamazov*)

Il faut savoir rester bronzé, haut et droit...

À la complaisance du dormeur qui épouse les désordres et la fausse innocence des songes, ces plaisirs à bon marché, il faut préférer la générosité de l'*homme* qui se réveille. Mais les prestiges de la nuit guettent toujours et l'élan vers la lumière, vers la réalité, est une conquête, non une victoire. Dans ce combat que mène tout *homme* contre lui-même, chacun doit avoir une obligation de moyens. « De même que la nature d'une vague est de vouloir se dépasser, écrit Stephan Zweig dans *La Guérison par l'esprit*, le propre d'une idée qui évolue est de rechercher sa forme extrême. Ce qui détermine sa valeur, ce n'est pas la manière dont elle se réalise mais la réalité qui est en elle, ce n'est pas ce qu'elle représente, mais ce qu'elle fait ! » Pour Paul Valéry : « La valeur du monde repose sur les extrêmes, sa solidité sur les moyennes. »

Pour Pouchkine, être un homme debout, c'est faire en sorte qu'au tribunal de notre conscience, celui-ci ne nous déjuge jamais... mieux même, qu'il nous acquitte. « ... Il me suffit de cette conscience » pouvons-nous lire dans *Le Chevalier avare*.

... Et trouver ses sillons pour ses propres semailles

Nous avons commencé sur la « crise de la quarantaine », nous finirons par elle. Pour dire quoi ? Pour dire que toute crise qu'elle est, elle ne marque pas de désespérance « la fin de tout ». Non, il ne faut pas désespérer. Même à 40 ans – et très certainement même comme à tout âge – cela « vaut encore le coup » de réfléchir à ce que nous avons vraiment envie de faire, à ce que nous avons vraiment envie de conquérir, à ce qui fait véritablement notre désir, à ce que nous voulons faire de notre vie.

Du travail ? Forcément, nous ne nous en sommes pas cachés, il nous en faudra beaucoup par la suite. D'abord, pour nous défaire du poids des parents toujours trop présents (c'est bien ce que raconte la « crise de la quarantaine », non ?), ensuite, pour véritablement mettre en acte notre désir. Et pourtant, nous devons nous en convaincre, ce n'est rien le travail. Non, ce n'est vraiment rien si c'est là le gage pour bien « labourer son champ ». Non, ce n'est décidément « vraiment rien » si c'est là le prix à payer pour gagner 10, 20, 30 ou 40 ans de vie vivante. « En un sens, lourd de signification, écrira Nietzsche dans *L'Antéchrist*, ma vie se trouve maintenant comme en *plein midi* : une porte se ferme, une autre s'ouvre. Ce que j'ai pu faire ces dernières années était un compte, une clôture, une addition du passé, j'en ai maintenant terminé avec les hommes et les choses et j'ai tiré un trait là-dessus… Ma tâche désormais est de dégager la persistance d'un dessein rigoureux à travers d'innombrables *bonds de côté* qui pouvaient égarer le lecteur. »

> Mizintchikov était fanatiquement convaincu de la justesse et même de la grandeur de son dessein. Aussi, en parlait-il avec l'enthousiasme de l'inventeur. (*Stiépantchikovo et ses habitants*)

« C'est cela le désir… c'est cela le talent… c'est avoir envie de faire quelque chose de sa vie. » Il a raison Brel. Il a toujours raison Brel.

La Logeuse

Mots-clés et définitions

Analyse Dans une analyse (l'analyse est également appelée psychanalyse), je suis allongé sur le divan et le psychanalyste est assis derrière moi. Le psychanalyste me demande d'utiliser le procédé de l'association libre et de me fier à la règle fondamentale : prêter attention à tout ce qui se passe en moi, à tout ce qui me vient à l'esprit, et à le dire même si cela me paraît futile, absurde ou déplaisant... Des phénomènes vont alors se produire. Il s'agit, d'une part, de la remémoration, c'est-à-dire du retour de mes souvenirs jusqu'à l'enfance reculée. La remémoration fait surgir en effet les événements significatifs ou traumatiques de mon histoire... Il s'agit, d'autre part, de la répétition. La répétition, c'est ce qui échappe à la remémoration et que je vais revivre sur le divan de l'analyste. Les conflits de jadis se rejouent sur la personne à qui ma parole s'adresse. C'est le phénomène du transfert.

But de la vie Pour Freud, le but de la vie est d'aimer et de créer, c'est-à-dire d'aimer et de travailler à quelque chose qui corresponde à ma passion, c'est-à-dire à mon *désir véritable*. Notons pour la « petite histoire » que vers la fin de sa vie, il arrivera aussi à Freud, dans des moments plus difficiles, de dire que le but de la vie est plus simplement de réussir... à la supporter.

Ça Le *ça* est une des trois composantes de l'appareil psychique. Le *ça* est le siège des pulsions et de l'inné. Le *ça* est le réservoir des pulsions et de tout ce qu'il y a de plus primitif et d'archaïque en moi. Son contenu est souvent refoulé. Aussi n'en ai-je pas toujours conscience. Ce contenu se trouve en conflit avec les deux autres instances de l'appareil psychique : le *moi* et le *surmoi*.

Castration symbolique La castration symbolique marque la sortie chez l'enfant du complexe d'Œdipe. À l'angoisse de castration, succède pour l'enfant la capacité à admettre qu'il ne pourra pas posséder le parent qu'il convoite, mais que lorsqu'il sera grand, il pourra lui aussi conquérir une femme ou un homme. La castration symbolique est donc l'acceptation par l'enfant de cette « loi » qui veut que tout ce qu'il désire ne soit pas possible. La castration symbolique a pour objet de l'ancrer de façon « définitive » dans le principe de réalité. C'est ce principe qui se trouve à la base de l'ensemble des rapports sociaux.

Changement individuel La notion de changement individuel est un leurre. Je ne change pas... En revanche, je peux réussir en me connaissant mieux, en comprenant pourquoi j'échoue dans telle ou telle situation, à faire autrement, c'est-à-dire à faire mieux avec les qualités qui sont les miennes. Si je ne change pas, je peux donc réussir à m'accomplir, c'est-à-dire réussir à devenir vraiment ce que je suis.

Complexe de castration Le complexe de castration, c'est l'angoisse d'être castré par le père. Chez le garçon, le complexe de castration met fin au *complexe d'Œdipe*. Chez la fille, au contraire, il lui ouvre la voie et ainsi, par-là même, des horizons de résolution. Par la disparition vers 5 ans des investissements amoureux et hostiles de l'enfant à l'égard de ses parents et leur remplacement par des identifications, le complexe de castration est donc l'élément déterminant qui permet à terme le déclin du *complexe d'Œdipe*.

Complexe d'Œdipe Le complexe d'Œdipe qui commence vers 3 ou 4 ans représente l'ensemble des sentiments et des comportements amoureux en même temps qu'hostiles et même agressifs que l'enfant développe vis-à-vis de ses parents. Le complexe d'Œdipe tire toute son importance, non pas d'une situation réelle entre l'enfant et ses parents, mais d'une relation imaginaire entre l'enfant et sa mère. Cette relation imaginaire favorise l'accession de l'enfant à une nouvelle dimension, la *castration symbolique*.

Complexe d'Œdipe du garçon Pour le garçon, le complexe d'Œdipe se déclare lorsque celui-ci devient amoureux de sa mère. Pour le garçon – comme dans le mythe d'*Œdipe Roi* – c'est un désir sexuel à l'égard de sa propre mère (Jocaste) en même temps qu'une haine mortelle pour son père (Laïos). De là va naître sa *culpabilité*. Celle-ci s'exprime par la crainte d'être castré par son père.

Complexe d'Œdipe de la fille Le complexe d'Œdipe de la fille commence comme celui du garçon. Le premier objet d'amour est donc la mère. Pour pouvoir orienter son désir vers le père, la fille va se détacher de sa mère. Le processus qui mène au complexe d'Œdipe est donc nécessairement pour elle plus long et plus compliqué que pour le garçon. Ce processus commence lorsque la fille constate son infériorité par rapport au garçon et se considère comme castrée. Elle peut alors soit se détourner de la sexualité, soit ne pas démordre de sa masculinité, soit enfin choisir une troisième voie très sinueuse qui débouche dans l'attitude féminine normale finale qui choisit le père comme objet.

Compulsion à la répétition La compulsion à la répétition, c'est la mise en échec répétée de ma volonté consciente au profit de la réédition de plaisirs inconscients. C'est cette compulsion qui explique que je peux me retrouver dans des situations analogues.

Création La création correspond au résultat lié à l'exercice de ma passion. Si cette création peut s'exprimer dans mon travail, c'est-à-dire dans mon métier, le plus souvent, cette création ne peut se faire qu'en dehors de mon activité professionnelle principale. D'une part, parce que je n'ai peut-être pas réussi à identifier ma véritable passion, d'autre part, parce qu'il peut être très difficile pour moi de vivre de ma passion. Par exemple, si ma passion est le bricolage, le jardinage, la peinture, la sculpture…

Crise de la quarantaine La « quarantaine » correspond dans ma représentation à la moitié de la vie. Je vais donc faire un point sur ce que j'ai fait et surtout sur ce que je n'ai pas fait. C'est un moment douloureux où je prends conscience que ce qui a *rempli* ma vie n'a peut-être pas fait une vie car cela ne correspond peut-être que de très loin à ce que pouvaient être mes rêves les plus tenaces lorsque j'étais plus jeune. La « crise de la quarantaine », c'est donc tout ce *passif* qui remonte à la surface et dont je prends brusquement conscience.

Culpabilité La culpabilité peut être consciente. Elle est alors sous-tendue par la crainte d'un mal à subir, d'une blessure ou d'une douleur imaginée, d'un danger fantasmé, d'un malaise accolé à la représentation de certains de mes actes dont j'ai mémorisé les risques à travers mon propre corps. La culpabilité peut être inconsciente, elle n'est alors rien d'autre qu'un « besoin de punition ». Elle représente la résistance de mon *surmoi*, c'est-à-dire ma résistance à pouvoir penser et agir sans être entravé par ce que j'imagine être les attentes de mes parents.

Déni Le déni est le mécanisme par lequel je me protège d'une observation (ou d'une idée) et que je remplace cette observation (ou cette idée) en me persuadant que celle-ci a été différente et même qu'elle n'a pas existé. Le déni est un mécanisme de défense, un refus de reconnaître la réalité d'une perception traumatisante.

Désir Le désir, c'est ce dont j'ai envie... Dans sa forme la plus générale, le désir peut correspondre au désir sexuel, au désir de réussir une performance, au désir d'atteindre un objectif... Dans cet ouvrage, le désir doit être compris comme le *désir véritable*, c'est-à-dire comme ce qui correspond à ce que j'ai envie de faire de ma vie et donc de *créer* en plus des choses de l'amour.

Désir véritable Le désir véritable, c'est ce que je veux faire de ma vie. C'est ce que je veux construire, c'est ce que j'ai envie de dire au monde... c'est donc ce que je veux créer en dehors des choses de l'amour.

Désir-illusion Le désir-illusion est un désir qui masque mon *désir véritable*. Si je désire réussir pour réussir, avoir la gloire pour la gloire ou l'argent pour l'argent, il s'agit là de désirs-illusions qui font écran à mon *désir véritable* qui lui a toujours à voir avec la *création*.

Développement personnel Le développement personnel, c'est ce qui détermine toute ma capacité à progresser de moi... à moi. C'est donc tout ce champ de progrès sur lequel je vais pouvoir travailler à faire au mieux de mes capacités intellectuelles, psychologiques mais aussi émotionnelles pour réussir à devenir véritablement... moi-même.

Folie La folie est l'expression de la rage incroyable provoquée par l'impossibilité de sortir des limites du réel. Le fou est donc celui qui se construit un autre monde parce que le monde dans lequel il vit lui est insupportable

Illusion Une illusion est une croyance, vraie ou fausse, qui s'impose à moi par la force de mes désirs. En quelque sorte, l'illusion est le moyen par lequel je me persuade qu'une chose existe et est ainsi alors qu'en réalité il n'en est rien.

Inconscient L'inconscient est formé par mes pulsions et mes désirs refoulés. L'inconscient ne connaît ni le temps ni la réalité extérieure. L'inconscient n'obéit qu'au principe de plaisir. Les rêves, les actes manqués, les lapsus, sont autant de manifestations de mon inconscient.

Inhibition à l'action L'inhibition à l'action, c'est lorsque je me retrouve dans l'incapacité à agir sur le monde extérieur. Par exemple, si je subis une agression et que je ne peux répondre, je suis en inhibition à l'action. Or, cette agressivité que je ne peux tourner sur le monde extérieur, je vais la tourner vers moi. Je vais donc développer de l'autoagression. Je peux alors somatiser, c'est-à-dire que je peux me rendre malade.

Moi Le *moi* est le siège de la décision. Le *moi* reçoit les instructions pulsionnelles du *ça* et est influencé par le « regard critique » du *surmoi*. Le *moi* est l'instance de ma personnalité qui assure le contrôle de la réalité sur le *ça*.

Névrose La névrose est une affection psychique qui n'entame pas mes capacités intellectuelles. Dans sa partie émergée – c'est-à-dire dans ce qu'elle donne à voir – la névrose se caractérise principalement par de la souffrance, un sentiment d'abandon, de la fatigue et du découragement, des accès dépressifs mais aussi parfois par des accès d'hyperactivité.

Parricide symbolique Le parricide symbolique, c'est ma capacité de « tuer » le père – de façon symbolique bien sûr. C'est-à-dire non seulement d'être capable de décider ce que je veux faire de ma vie hors du désir que les parents projettent pour moi mais aussi d'être capable d'assumer mes choix sans les payer en retour du prix de la *culpabilité*.

Passif Le passif, c'est tout ce que j'aurais voulu faire et que je n'ai pas fait. Le passif, ce sont toutes mes illusions perdues mais jamais complètement oubliées, ce sont tous mes espoirs et mes rêves enfouis mais jamais véritablement réalisés. Or ce passif qui s'est accumulé au fil du temps va brusquement resurgir au moment de la *crise de la quarantaine*.

Plaisirs à bon marché Les plaisirs à bon marché, ce sont les plaisirs faciles. Ce sont les plaisirs auxquels je peux cotiser sans que cela me demande de véritables efforts. Si pour vivre, j'ai besoin d'éprouver cette forme de plaisir de temps à autre, il me faudra néanmoins faire des efforts – comme par exemple travailler – pour en conquérir d'autres plus intéressants.

Principe de réalité et principe de plaisir Le principe de réalité est la prise en compte des conditions imposées par mes propres capacités et par le monde extérieur. Le principe de plaisir, c'est ce qui m'entraîne vers la recherche d'une satisfaction par les voies les plus courtes, y compris les plus absurdes. Le principe de réalité a donc pour objet de réguler cette recherche et de me pousser dans des chemins a priori plus difficiles mais certainement beaucoup plus sûrs qui tiennent compte des conditions effectives de mon existence – c'est-à-dire principalement de ce que je suis et de mon environnement.

Psychanalyse La psychanalyse est le nom d'un procédé d'investigation des processus psychiques qui autrement ne sont que très difficilement accessibles. Les piliers de la théorie psychanalytique sont l'acceptation des processus inconscients, la reconnaissance des résistances et du refoulement et la prise en considération de la sexualité et du complexe d'Œdipe. La technique psychanalytique repose sur la capacité à tirer parti du transfert.

Psychose À la différence de la névrose, si je suis atteint de psychose – on dira alors que je suis psychotique – ma relation au monde est profondément altérée. Ma logique est incompréhensible et mon comportement est considéré comme bizarre. Parce que je fais vivre mon imaginaire dans la réalité, le plus souvent, j'ignore mon état.

Pulsion La pulsion est une force qui s'exerce au plus profond de moi. La pulsion rompt mon équilibre interne et crée un état de tension dans mon organisme. Je vais donc rechercher l'objet susceptible de l'apaiser.

Refoulement Le refoulement, c'est la mise à l'écart de mon conscient d'une idée ou d'un souvenir déplaisant. Le refoulement met donc à l'écart et va tenir éloigné de mon conscient ce qui est susceptible de provoquer un déplaisir. Je fais alors comme si l'idée ou le souvenir déplaisant n'existait pas. Aussi, après avoir relégué cette idée ou ce souvenir dans mon inconscient, vais-je l'oublier.

Résistances Les résistances, ce sont tous ces mécanismes souvent ancrés au plus profond de moi et donc inconscients qui vont m'empêcher de réussir ou de faire ce que j'ai pourtant envie de réussir ou de faire. Les résistances sont l'expression de ma *culpabilité*.

Surmoi Le *surmoi* est le siège de l'acquis, c'est-à-dire des interdits, de la morale, des lois… Le *surmoi* est la troisième instance de l'appareil psychique. Il livre les interdits parentaux que j'ai intégrés et adoptés. Le *surmoi* est le censeur du *moi* et, par son intermédiaire, du *ça*. Le *surmoi* est porteur du phénomène que nous appelons la conscience morale.

Syndrome de Wilson Le syndrome de Wilson détermine ma personnalité si mon *surmoi* véhicule des idéaux si grandioses qu'il exige l'impossible de mon *moi*. Une telle construction est possible dès lors que je me fais une idée exagérée de la grandeur et de la puissance de mon père. Parce qu'alors je ne peux que chercher à m'identifier à mon père, je vais me trouver dans l'incapacité d'identifier ce que j'ai véritablement envie de faire de ma vie.

Références bibliographiques et filmographie

Assoun P.-L., *Psychanalyse*, Paris, PUF, 1997.

Aucouturier G., « Introduction », in F.-M. Dostoïevski, Paris, nrf Gallimard, 1969.

Balzac H., « Louis Lambert », in S. Zweig, *La Guérison par l'esprit*, Paris, Livre de Poche, 1996.

Balzac H., « Préface à la première édition de La Peau de chagrin », *La Comédie Humaine X*, Paris, nrf Gallimard, 1979.

Balzac H., *Le Médecin de campagne, La Comédie Humaine IX*, Paris, nrf Gallimard, 1978.

Balzac H., *Lettres sur Paris*, 26 septembre et 18 octobre 1820.

Balzac H., *Madame Firmiani, La Comédie Humaine II*, Paris, nrf Gallimard, 1976.

Blier B., « Trop belle pour toi », Film.

Brel J., « La chanson de Jacky ».

Breuer J. et Freud S., *Études sur l'hystérie*, Paris, PUF, 1994.

Camus A., *Le Mythe de Sisyphe*, Paris, nrf Gallimard, 1965.

Camus A., *L'Étranger*, Paris, nrf Gallimard, 1962.

Chemama R. (sous la direction de), *Dictionnaire de la psychanalyse*, Paris, Larousse, 1993.

Comte-Sponville A., « Lecture », in F.-M. Dostoïevski, *Le Joueur*, Arles, Actes Sud, 1991.

Deleuze G. et Guattari F., *Capitalisme et schizophrénie, L'Anti-Œdipe*, Paris, Les Éditions de Minuit, 1972/1973.

Dostoïevski F.-M., « Le temps », *1861, Annonce de publication pour 1861*, trad. Gustave Aucouturier, Paris, nrf Gallimard, 1969.

Dostoïevski F.-M., « Le temps », *1862, Une Chatouilleuse question*, trad. Gustave Aucouturier, Paris, nrf Gallimard, 1969.

Dostoïevski F.-M., « Le temps », *1862, Une Sale histoire*, trad. Gustave Aucouturier, Paris, nrf Gallimard, 1969.

Dostoïevski F.-M., *Chroniques Pétersbourgeoises III*, trad. Gustave Aucouturier, Paris, nrf Gallimard, 1969.

Dostoïevski F.-M., *Crime et Châtiment*, trad. D. Ergaz, Paris, nrf Gallimard, 1950.

Dostoïevski F.-M., *Douce*, trad. Gustave Aucouturier, Paris, nrf Gallimard, 1972.

Dostoïevski F.-M., *Humiliés et offensés*, trad. Sylvie Luneau, Paris, nrf Gallimard, 1953.

Dostoïevski F.-M., *Journal d'un écrivain – Janvier 1876*, trad. Gustave Aucouturier, Paris, nrf Gallimard, 1972.

Dostoïevski F.-M., *Journal d'un écrivain – Janvier 1877,* trad. Gustave Aucouturier, Paris, nrf Gallimard, 1972.

Dostoïevski F.-M., *Journal d'un écrivain – Février 1877*, trad. Gustave Aucouturier, Paris, nrf Gallimard, 1972.

Dostoïevski F.-M., *Journal d'un écrivain – Septembre 1877*, trad. Gustave Aucouturier, Paris, nrf Gallimard, 1972.

Dostoïevski F.-M., *L'Adolescent*, trad. Pierre Pascal, Paris, nrf Gallimard, 1956.

Dostoïevski F.-M., *L'Adolescent (Variantes)*, trad. Pierre Pascal, Paris, nrf Gallimard, 1956.

Dostoïevski F.-M., *L'Éternel Mari*, trad. Boris de Schloezer, Paris, nrf Gallimard, 1956.

Dostoïevski F.-M., *L'Hôtesse*, trad. Gustave Aucouturier, Paris, nrf Gallimard, 1969.

Dostoïevski F.-M., *L'Idiot*, trad. Albert Mousset, Paris, nrf Gallimard, 1953.

Dostoïevski F.-M., *Le Double*, trad. Gustave Aucouturier, Paris, nrf Gallimard, 1969.

Dostoïevski F.-M., *Le Joueur*, trad. Sylvie Luneau, Paris, nrf Gallimard, 1956.

Dostoïevski F.-M., *Le Rêve de l'oncle*, trad. Gustave Aucouturier, Paris, nrf Gallimard, 1969.

Dostoïevski F.-M., *Le Songe d'un homme ridicule*, trad. Gustave Aucouturier, Paris, nrf Gallimard, 1972.

Dostoïevski F.-M., *Le Sous-sol*, trad. Boris de Schloezer, Paris, nrf Gallimard, 1956.

Dostoïevski F.-M., *Les Démons*, trad. Boris de Schloezer, Paris, nrf Gallimard, 1955.

Dostoïevski F.-M., *Les Frères Karamazov*, trad. Henri Mongault, Paris, nrf Gallimard, 1952.

Dostoïevski F.-M., *Les Nuits blanches*, trad. Pierre Pascal, Paris, nrf Gallimard, 1956.

Dostoïevski F.-M., *Les Pauvres gens*, trad. Sylvie Luneau, Paris, nrf Gallimard, 1955.

Dostoïevski F.-M., *Lettre à son frère Michel*, trad. Pierre Pascal, 25 mars 1845.

Dostoïevski F.-M., *Lettre à sa femme*, trad. Pierre Pascal, 18 mai 1867.

Dostoïevski F.-M., *Lettre à Strakhov*, trad. Pierre Pascal, 9 décembre 1870.

Dostoïevski F.-M., *Lettre à Mme Ivanov*, trad. Pierre Pascal, 6 janvier 1871.

Dostoïevski F.-M., *Niétotchka Niézvanov*, trad. Henri Mongault, Lucie Désormonts et Sylvie Luneau, Paris, nrf Gallimard, 1952.

Dostoïevski F.-M., *Notes diverses*, trad. Gustave Aucouturier, Paris, nrf Gallimard, 1969.

Dostoïevski F.-M., *Polzounkov*, trad. Gustave Aucouturier, Paris, nrf Gallimard, 1969.

Dostoïevski F.-M., « Préparation de L'Idiot », trad. Sylvie Luneau, Paris, nrf Gallimard, 1953.

Dostoïevski F.-M., *Souvenirs de la maison des morts*, trad. Henri Mongault et Lucie Désormonts, Paris, nrf Gallimard, 1950.

Dostoïevski F.-M., *Stiépantchikovo et ses habitants – Bonheur général*, trad. Gustave Aucouturier, Paris, nrf Gallimard, 1969.

Dostoïevski F.-M., *Stiépantchikovo et ses habitants – L'Expulsion*, trad. Gustave Aucouturier, Paris, nrf Gallimard, 1969.

Dostoïevski F.-M., *Stiépantchikovo et ses habitants – Mizintchikov*, trad. Gustave Aucouturier, Paris, nrf Gallimard, 1969.

Flaubert G., *La Légende de saint Julien l'Hospitalier*, Paris, Mille et une nuits, 1996.

Fortassier R., « Introduction à l'Histoire des Treize », in H. Balzac, *La Comédie Humaine V*, Paris, nrf Gallimard, 1977

Foucault M., *Un cas de parricide au* XIX*e siècle*, Paris, Folio, 1996.

Freud S., « Angoisse et vie pulsionnelle », in *Œuvres complètes XIX*, Paris, PUF, 1995.

Freud S. et Bullit W., *Le Président T.-W. Wilson*, Paris, Petite bibliothèque Payot, 1990.

Freud S., *Cinq leçons sur la psychanalyse*, Paris, Petite bibliothèque Payot, 1997.

Freud S., « Dostoïevski et le parricide », in *Résultats, idées problèmes II*, Paris, PUF, 1992.

Freud S., « L'avenir d'une illusion », in *Œuvres complètes XVIII*, Paris, PUF, 1994.

Freud S., *L'Interprétation des rêves*, Paris, PUF, 1967.

Freud S., « La décomposition de la personnalité psychique », in *Œuvres complètes XIX*, Paris, PUF, 1995.

Freud S., « La finesse d'une action manquée », in *Œuvres complètes XIX*, Paris, PUF, 1995.

Freud S., « La question de l'analyse profane », in *Œuvres complètes XVIII*, Paris, PUF, 1994.

Freud S., *Le Délire et les rêves dans la* Gradiva *de W. Jensen*, Paris, Gallimard, 1986.

Freud S., « Psychologie des foules et analyse du Moi », in *Essais de psychanalyse*, Paris, Petite bibliothèque Payot, 1989.

Freud S., « Révision de la doctrine du rêve », in *Œuvres complètes XIX*, Paris, PUF, 1995.

Fridlender G., « Lecture », in *Monsieur Prokhartchine* de F.-M. Dostoïevski, Arles, Actes Sud, 1994.

Goethe, *Le Comte d'Egmont*, acte III, Paris, Gallimard, 1988.

Green A., *La Causalité psychique, entre nature et culture*, Paris, Odile Jacob, 1995.

Guise R., « Introduction à Gambara », in H. Balzac, *La Comédie Humaine X*, Paris, nrf Gallimard, 1979.

Hemerken T., *L'Imitation de Jésus-Christ*, Paris, Livre de vie, 1961.

Herbinet S. et Rougier M.-R., « Commentaires », in *Œdipe Roi* de Sophocle, Paris, Hachette, 1994.

Herbinet S. et Rougier M.-R., « Présentation », in *Œdipe Roi de Sophocle*, Paris, Hachette, 1994.

Homère, *L'Iliade*, chant XXI, Paris, Garnier Frères, 1965.

Jensen W., *La Gradiva*, Paris, Gallimard, 1986.

Jones E., *Hamlet et Œdipe*, Paris, Gallimard, 1967.

Jouhandeau M., *Le Parricide imaginaire*, Paris, Gallimard, 1991.

Jugnot G., « Une époque formidable », Film.

Juvénal, *Satires*, VIII, 214, Paris, Belles Lettres, 1960.

Kaufmann P. (sous la direction de), *L'Apport freudien*, Paris, Bordas, 1993.

Kleinbaum N.-H., *Le Cercle des Poètes disparus*, Paris, Livre de Poche, 1993.

Laborit H., in « Mon oncle d'Amérique », Film de Alain Resnais.

Laborit H., *Une vie, derniers entretiens avec Claude Grenié*, Paris, Éditions du Félin, 1996.

Lacan J., « L'identification », Séminaire inédit du 30 mai 1962.

Landman P., *Freud*, Paris, Belles Lettres, 1997.

Leibnitz G.-W., *Remarques sur la partie générale des Principes de Descartes*, Paris, Vrin, 1966.

Levi P., *Le Système périodique*, Paris, Livre de Poche, 1995.

Lévy B.-H., « Entretiens », in *Bouillon de Culture*, France 2, 17 octobre 1997.

Meininger A.-M., « Introduction aux Comédiens sans le savoir », in H. Balzac, *La Comédie Humaine VII*, Paris, nrf Gallimard, 1977.

Miller G., « Préface », in S. Freud et W. Bullit, *Le Président T.-W. Wilson*, Paris, Petite bibliothèque Payot, 1990.

Moll A., « Recherches sur la libido sexualis », in S. Freud, *Psychanalyse et théorie de la libido*, in *Résultats, idées, problèmes*, Paris, PUF, 1992.

Morin E., *La Méthode, 1. La Nature de la Nature*, Paris, Points Seuil, 1981.

Nietzsche F., « À Carl Gersdorff », Nice, le 20 décembre 1887, in *L'Antéchrist*, Paris, Bibliothèque 10/18, 1997.

Nietzsche F., *L'Antéchrist*, Paris, Bibliothèque 10/18, 1997.

Pascal P., *Dostoïevski – L'homme et l'œuvre*, Paris, Presses Pocket, 1985.

Pascal P., *Dostoïevski*, Encyclopædia Universalis, Paris, 1995.

Pascal P., « Introduction aux Démons », in F.-M., Dostoïevski, Paris, nrf Gallimard, 1955.

Pascal P., « Introduction aux Frères Karamazov », in F.-M. Dostoïevski, Paris, nrf Gallimard, 1952.

Pascal P., « Introduction », in F.-M. Dostoïevski, Paris, nrf Gallimard, 1950.

Pascal P., « Introduction », in F.-M. Dostoïevski, Paris, nrf Gallimard, 1952.

Pascal P., « Introduction », in F.-M. Dostoïevski, Paris, nrf Gallimard, 1953.

Plattelli-Palmarini M., *Petit Traité sur Kant*, Paris, Odile Jacob, 1996.

Platon, « Phédon », in *Le Banquet, Phèdre, Phédon*, Paris, Les portiques, 1961.

Pontalis J.-B., « Préface », in *Le Délire et les rêves dans la* Gradiva *de W. Jensen*, Paris, Gallimard, 1986.

Quinte-Curce, *Livre 4*, Paris, Belles Lettres, 1961.

Roy C., « Préface », in *Souvenirs de la maison des morts* de F.-M. Dostoïevski, Paris, Folio, 1996.

Safouan M., *Jacques Lacan et la question de la formation des analystes*, Paris, Le Seuil, 1983.

Serres M., « Entretien », in *Contact*, Radio Québec, 1992.

Shakespeare W., *Hamlet*, Paris, Hachette, 1994.

Sophocle, *Ajax*, Paris, GF-Flammarion, 1964.

Sophocle, *Antigone*, Paris, GF-Flammarion, 1964.

Sophocle, *Œdipe Roi*, trad. inédite de Marie-Rose Rougier, Hachette, 1994.

Spinoza B., *Éthique*, III, scolie de la proposition 9.

Spinoza B., *Traité de la réforme de l'entendement*, § 3.

Troyat H., *Balzac*, Paris, Flammarion, 1995.

Valabrega J.-P., in A. Costecalde et coll., *Devenir psychanalyste*, Paris, Denoël, 1995.

Weber M., *Le Savant et le politique*, Paris, Livre de Poche, 1979.

Zweig S., *La Guérison par l'esprit*, Paris, Livre de Poche, 1996.

Zweig S., *Balzac*, Paris, Albin Michel, 1950.

Cet ouvrage a été achevé d'imprimer
par l'Imprimerie Floch à Mayenne en avril 1999.
Dépôt légal : avril 1999. N° d'impression : 45900.
Imprimé en France.